中华文明突出特性阐释丛书

张志强 主编

生生不已
中华文明突出的连续性

胡海忠 著

浙江古籍出版社

"中华文明突出特性阐释丛书"编委会

主　编：张志强

编委成员（按姓氏笔画排序）：

　　王旭斌　龙涌霖　任蜜林　刘　丰

　　孙海科　胡海忠　程为民　傅　正

本册著者：胡海忠

总　序

2023年6月2日，习近平总书记考察中国社会科学院中国历史研究院，并在文化传承发展座谈会上发表重要讲话。这是一篇具有里程碑意义的讲话，充满理论力量和学术含量。习近平总书记在讲话中发出了在新的历史起点上建设文化强国、建设中华民族现代文明的号召，为推进中国特色社会主义文化建设提供了科学指引和行动指南。

在讲话中，习近平总书记对"第二个结合"进行了系统论述，标志着习近平总书记关于文化建设的理论思考已经成熟，在一定意义上也标志着习近平文化思想的形成。在讲话中，习近平总书记提出了中华文明"五个突出特性"，深刻把握中华文明的突出特性，是实现"第二个结合"的前提。习近平总书记指出，"只有立足波澜壮阔的中华五千多年文明史，才能真正理解中国道路的历史必然、文化内涵与独特优势"，因此，中华文明"五个突出特性"的提出，也标志着习近平总书记关于中华文明发展规律的认识已经成熟，标志着在中华文明发展规律基础上开辟和发展中国特色社会主义道路的规律性认识已经成熟。

中华文明突出特性构成了中华文明发展规律的内涵。把握中华文明发展规律，深刻理解中国道路的历史必然、文化内涵与独特优势，是建设中华民族现代文明的必要前提。中华民族现代文明是继承和发展中华文明突出特性的产物，也是中国共产党领导中国人民对中华文明突出特性进行创造性转化和创新性发展的现代形态。

中华文明"五个突出特性"的提出，回答了关于中华文明发展的规律性问题，驳斥了关于中华文明的种种错误认识，重建了中华文明历史的整体叙事，揭示了中国所以为中国的内在道理。

中华文明突出的连续性，包含着一种深刻的历史观。这种历史观是从过去现在未来的连续整体出发，把历史理解为文明实践的总体性。从历史实践的内在视野出发，将文明理解为一个文化生命体的有机生长进程。5000多年中华文明史尽管经历过曲折困顿，但中华文明始终能够承敝通变，穷变通久，以通古今的方式究天人，以深刻的历史主动性精神不断将中华文明历史贯通下去。在中华文明的通史精神中蕴含着中华文明连续性的奥秘。中华文明的连续性表明，所有对中国历史的断裂性解释都是不符合中国实际的认识。

中华文明突出的创新性，包含着一种深刻的革命观。这种革命观是对天道自我更化能力的说明,是积极面对变革、主动谋求变革的历史主动精神的体现。这种革命观是连续性的动力和根据,也是使得变化能够成就发展的内在要求。中华文明的连续性和创新性互为表里,成为中华文明发展的内在规律。中华文明的创新性表明,所有关于中国没有历史的停滞性解释都是不符合中国实际的认识。

中华文明突出的统一性,包含着一种深刻的世界观。这种世界观是从天下一家的视野出发,从团结凝聚的大一统传统出发,将不同地域不同族群的天下人,在面对共同危机中凝聚为一个多元一体的命运共同体,贯穿其中的是天下为公的共同价值。中华民族共同体的形成历史就是人类命运共同体的典范。中华文明的统一性表明,所有把大一统解释为僵化"专制"的历史认识,都是不符合中国实际的认识。

中华文明突出的包容性,包含着一种深刻的价值观。这种价值观来自一种关于天地之德的认识,也出自一种从实际出发的哲学认识论。根据这种认识论,差异是不可回避的实际,贯通差异、调适差异,而非取消差异或是将差异绝对化,才是对待差异的正确态度。这种态度表明了一种克服自我中心的价值观,一种来自天地无私之德的价值观。中华文明的包容性表明,多元一体的中华民族是中华民族共同体实践中形成的包容性价值观的结果。

中华文明突出的和平性，包含着一种深刻的伦理观。天下一家、四海之内皆兄弟的理想，表明中华文明是以道德秩序来构造世界的，个人与家国天下之间在道德感通中不断推扩延伸，最终形成一种群己合一的共生秩序。这种天下一家的伦理观，决定了中华文明的和平性，决定了中华文明从来都是以共生和谐的态度来对待矛盾、对待分歧，从来不强人从己，而是在差异中求大同，认为对立面可以在交流沟通中达成和谐。中华文明的和平性表明，用所谓帝国、征服等认识模式来看待中国历史是不符合中国实际的。中华文明的和平性是中华文明包容性的伦理表现，也正是由于和平性，包容性才能真正落实为一种共同体建设，落实为一种共生的秩序。

对中华文明突出特性的研究，是习近平文化思想研究阐释的重要内容。做好习近平文化思想的学理性和系统性阐释，发挥好中国社会科学院的学术优势和理论优势，是中国社会科学院的职责使命之一。因此，做好习近平文化思想的哲学研究和阐释，也是中国社会科学院哲学研究所的职责使命。中国社会科学院哲学研究所中国哲学学科组织团队，先后申报并获评了国家社科基金重大项目、中国社会科学院"建设中华民族现代文明研究阐释工程"的重大项目"中华文明'五个突出特性'

的哲学研究"。中国哲学学科将本项目的研究作为一项重大的政治任务和严肃的学术课题,紧张地投入研究。值此习近平总书记在文化传承发展座谈会上的重要讲话发表一周年之际,我们与浙江古籍出版社合作,共同推出这套"中华文明突出特性阐释丛书"(共五册),作为习近平总书记讲话一周年的献礼。在此,我们要向中国社会科学院科研局给予课题组的研究保障,表示衷心的感谢!向浙江古籍出版社给予的支持帮助,向王旭斌社长领导下编辑团队的辛苦付出,表示衷心的感谢!同时也要感谢研究团队,在研究写作过程中,团队成员多次集中研讨和统稿,积极探索有组织科研新机制,在共同研讨中团结了队伍,凝聚了感情,积累了研究经验,希望团队形成的协同研究模式,可以成为中国哲学学科以及哲学研究所的研究传统,不断得到发扬。

在短时间内完成的五部著作,是充分发挥作者各自学术积累,积极调动既有学术资源的产物。由于写作和修改时间有限,肯定存在很多不当之处。作为项目研究的阶段性成果,我们会在此基础上,不断深化研究,提高认识,争取在不远的将来贡献出更好的作品。

张志强
中国社会科学院哲学研究所
2024 年 5 月 19 日

目 录

绪 论 ··· 01

第一章 家庭：长文明的载体 ·· 04
第一节 家庭与文明的延续 ·· 07
第二节 "天下—国—家—身—家—国—天下"循环 ·············· 19
第三节 家庭孕育的政治文明 ··· 23

第二章 国家与文明的连续性 ·· 30
第一节 大规模政治文明体的连续特征 ································ 31
第二节 国家形态对于文明连续的意义 ································ 39
第三节 文化传统塑造国家形态 ·· 43
第四节 国家观与爱国主义 ·· 54

第三章 天下：文明不可断的信念根基 ······························· 62
第一节 大群一体：时间连续性中蕴含的最整全空间 ············ 66
第二节 "与天时俱不息"：文化生命的内在动力 ·················· 80
第三节 穷变通久：通史精神的展开 ··································· 98

第四章　坚守中华之道，建设中华民族现代文明 …………118
第一节　坚定文化自信 ………………………………119
第二节　秉持开放包容 ………………………………123
第三节　坚持守正创新 ………………………………128

主要参考文献 …………………………………………………135
后　记 …………………………………………………………141

绪　论

基于对变化的恒常性的深刻领悟，中华文明以与时偕行、随时变易的历史自觉，探索出维持人类系统既久且大、既深且远的复杂机制，使大规模政治文明体得以产生和发展。

被中华文明所重视的维持人类系统连续性的方式有以下几种：

第一，重视家庭及其连续，以应对变化施加于个体的境遇。家庭的出现，是人类生存实践的自然结果。高度重视家庭的延续并孕育出家国天下情怀、以家庭伦理来理解天下国家，则是中华文明的鲜明特色。家庭中的"生—生/继—承"关系，不仅体现了一种高度肯定生命体连续的价值观，同时也包含了一种贯通差别、强调和谐共在的伦理秩序。更重要的是，这是一种以生命共同体来延续文明的重要机制，家庭是维持中华文明突出的连续性的重要场所。

第二,以大一统的政治秩序保证个体、家庭、文明的连续。在传统中国,以国家形态发展演进的历史具有清晰可辨的连续性特征。中华民族共同体因为政治的统合作用而始终凝聚不散,中国独立之民族生命因为国家形态的捍卫而未曾断绝。中国人深刻认识到家庭之外的群体性生存对于个体、家庭的存续具有重要意义,将个体的主动性自觉地定位在保证国家统一的方向上,最终形成了以集体主义来维持国家、民族、文明的连续的机制,体现出深厚的家国情怀。

第三,以天下不可亡的坚定信念,保存文明的火种,保证大群一体的生生不息。古代中国是一个有天下视野、以天下为结构的国家。天下是至大无外的空间,是超越任何一个家庭、族群、集团的生生相续的最大整体。在古代,当国家统一、政治有序之时,"国家"与"天下"的概念基本重合,国家与天下浑融为一。在国家崩溃、政治失序时,国家无法发挥统合社会的能力,社会的动荡危及群体的存续,亡国与亡天下之辨随之出现。天下观念要求个体以文明不可断的坚定信念,为群体的生生不息保存文明的火种。大群一体的世界观、文化生命的继承意识、穷变通久的通史精神都是维系整体生生相续的文明原理。

家、国、天下的意识及实践是促成中华文明连绵不断的重要机制,本书将其作为一个分析框架对中华文明突出的连续性进行阐释。

盖天命不已,方是生而又生;生而又生,方是父母而己身,己身而子,子而又孙,以至曾而且玄也。故父母兄弟子孙,是替天命生生不已显现个肤皮;天命生生不已是替孝父母、弟兄长、慈子孙通透个骨髓。直竖起来,便成上下今古;横亘将去,便作家国天下。

——(明)罗汝芳

第一章
家庭：长文明的载体

在世界各大文明体中，唯有中华文明作为一种原生文明绵延发展至今，呈现出突出的连续性。"文明之间哪个更优劣，讲不清楚，没有公度性。所以我们来讲文明的长短，这是有客观依据的。有的文明比较短，一旦崩溃就消失了，比如说古埃及文明、克里特文明、印度河文明、赫梯文明、玛雅文明等。还有一种可以叫做中文明，崩溃以后好像基本上就没有了，但是它的文明的形式过多少年后又会被不是本民族的另一拨人接过来，掀起一个文艺复兴，能够以转换的方式再现。比如希腊罗马文明，后来真正将其发扬光大的根本就不是那些民族的人了，都是欧洲那些北方来的，使用的第一语言也不同。还有古印度文明也大致是这样，梵文在实际生活主流中消失了，异族的人群、语言和信仰侵入，站住了脚，造成混杂相处的局面。最后一种就是所谓长文明，它能够比较实质性地长久延续。这个文明的载体就是这个主导民族，文字的血脉不变，主导信仰延续，乡土家园不失。中华文明是最典型的。她的文字是世界四大原生文字之一，居然在保持基本结构的前提下延续到现在，三千年前的诗歌现在读起来还押韵，简直就是奇迹。这就是因为它有一种应对危机的潜伏和再生的能力。"[1]中华文明作为一种长文明，体现在民族、文字血脉、信仰、乡土家园始终被凝聚在一个独立的文化生命之中。历史的波折并未让中华文明中断，民族的融合并未让中华文明丧失主导的文化和信仰。经过5000多年的长期发展，中国形成了一个亘古亘今的大规模政治文明体。

保持个体的生命长度、群体的长期存在、文明的长期连续，应该是人类的共同理想。因为个体从客观变化的恒常性、时空的无限绵延中领会到变化是连续的、无始无终的，变化不仅生成和塑造着个体，也消解和否定着个体。个体在变化中朝生夕死，而变化却永无绝期，所以个体在以有限的自身来面对无限的变化时，只能将尽可能维持自身、延续群体、赓续文明作为其追求。对连续性变化的应对方式，就激发了人自觉地构造起人类系统的更复杂的连续性。中华文明突出

---

[1] 张祥龙：《"家"与中华文明》，载《中央社会主义学院学报》2018年第6期，第118页。

的连续性，应该是通过一些特别的机制来生成和维持的。家、国、天下是孕育中华文明突出的连续性的重要场所。

家庭的产生是人类生存实践的自然结果，家庭也几乎是所有高度发展的文明维系自身的基本方式。中华文化中的家庭文化强调以"老吾老""幼吾幼"的方式建构起对个体自然生命的延续，高度肯定生命体连续的价值观和文化形态，建立起以家庭伦理为核心的"生—生／继—承"关系。

因为家庭意味着绵延不绝的祖先和后代，所以它是一种生存时间的发生结构。这种连绵不绝的发生结构，使得中华文明的时间视野被拉得很长，更倾向于合作而非冲突，因而在历史上特别坚韧。文明的长短，最关键的就是应对危机的能力，即在遇到重大内外挑战的要害时刻，是否能找到某种办法助其渡过难关，或者是以某种方式死而复生。[1] 在家庭这种不断延续的生存结构所提供的长时段视野中，培养出的长远目光、团结精神、集体意识、爱国主义、天下情怀，是中华文明能够长期存续的原因。有以下几方面值得重视：一是以家庭的长期存续促成文明的长期存续。二是形成了"天下—国—家—身—家—国—天下"的循环，由天下到国、家、身，体现了世界的包含关系，由身到家、国、天下则是伦理

---

[1] 参见张祥龙：《"家"与中华文明》，载《中央社会主义学院学报》2018年第6期，第117—120页。

和政治的拓展顺序。在这一循环中，宇宙论、政治观都统一于修身实践。三是通过家庭孕育政治文明的长期发展所需要的德性。

第一节　家庭与文明的延续

《周易·序卦》揭示了家庭的自然产生过程："有天地然后有万物，有万物然后有男女，有男女然后有夫妇，有夫妇然后有父子，有父子然后有君臣，有君臣然后有上下，有上下然后礼义有所错。夫妇之道不可以不久也，故受之以恒。恒者，久也。"《序卦》主要讲今本《周易》六十四卦的排序逻辑，六十四卦被分在上、下两篇中，下篇是从咸卦开始的，《序卦》要对咸卦为什么被置于下篇开端进行解释。一般认为这体现了对夫妇之道的重视，因为"咸"的意思是相互交感，指向的是"人伦之始，夫妇之义"。因为咸卦的卦象是泽在上、艮在下，泽为少女、艮为少男，以少男居于少女之下，表达了夫妇关系中"柔上而刚下，二气感应以相与"的关系，"婚姻之义，男先求女，亲迎之礼，御轮三周，皆是男先下于女，然后女应于男"（《宋本周易注疏》卷六）。夫妇关系是以长期延续为要求的——"夫妇之道，以恒为贵"（《宋本周易注疏》卷十三），所以《周易》在咸卦之后排布的是恒卦，强调了夫妇、家庭关系的长久对于人类社会的基础性意义。

中国人对家文化的重视与其世界观密切相关，"在中国文化传统中没有位格神的预设，生命在宇宙秩序中的位置不是靠神的存在来解决的，而是强调宇宙自身的大化流行，强调生命的'生生不息'，正是基于对于生命秩序的这种理解，中国文化传统特别看重'世代之间'的紧密关系。因此，世代之间的情感维系也特别受到重视，'亲亲'之情由此凸显出来"[1]。中华文化倾向于从此世的人伦关系来定义个人，也将人奋斗的可能性定位在此世。中国古人追求立德、立功、立言"三不朽"，认为在这个世界就能获得不朽，不需要脱离此世寻求不朽。中国人"未知生焉知死"的理性态度，体现的也是对此世价值的高度肯定。实现此世价值的直接起点在于家庭，"养生丧死无憾"是政治的端始，也是人生意义的端始，家庭的和睦相处、生生相续是个人的幸福所在。

---

[1] 孙向晨：《在现代世界中拯救"家"——关于"家"哲学讨论的回应》，载《探索与争鸣》2021年第10期，第82—83页。

费孝通分析了中西文化在亲子关系上的差别，认为父母对子女有抚育的义务，这是中西文化都相同的。但赡养老人在西方并不成为子女必须负担的义务，在中国却是子女义不容辞的责任：

> 如果我们承认中西文化中确是存在着这种差别，我们是否可以用下列公式来予以表示：西方的公式是 $F_1 \rightarrow F_2 \rightarrow F_3 \rightarrow F_n$，而中国的公式是 $F_1 \leftrightarrows F_2 \leftrightarrows F_3 \leftrightarrows F_n$（F代表世代，→代表抚育，←代表赡养）。在西方是甲代抚育乙代，乙代抚育丙代，那是一代一代接力的模式，简称"接力模式"。在中国是甲代抚育乙代，乙代赡养甲代，乙代抚育丙代，丙代又赡养乙代，下一代对上一代都要反馈的模式，简称"反馈模式"。这两种模式的差别在于前者不存在子女对父母赡养这一种义务。[1]

中华文化的"反馈模式"重视对失去劳动能力的老年人的孝养，以使其寿命被尽可能地延长，这不仅是对抗亲情在长期连续中突然中断而出现的不舍的情感，同时也是一种理性，即亲代与子代之间形成一种不断传递的孝养意识，让终

---

[1] 费孝通：《美好社会与美美与共：费孝通对现时代的思考》，北京：生活・读书・新知三联书店，2019年，第59页。

将成为老人的所有人能够活得更久,由此整体性地延长人群的寿命。张祥龙说:"(孝)是一种家人代际的回爱。儒家之所以最为强调孝,是因为孝道的反哺追源更明确地展现出代际时间的回旋特性,大大不同于个体生命所寄托的那种时间,为人生带来根本的希望。"[1] 原子化的个体生命所寄托的时间是指向未来的,缺乏回溯。当子代以一种回溯的方式与父母建立起亲亲的联系,这是最能体现人的特质的回转。在这一回转中亲代感到被回馈的良善。亲代和子代在情感的流动中肯定着此世,在此世中获得满足,从而涌现出关心此世的更强的动力,这种动力会被转化为建设此世、延续此世的积极力量。

家族关系是夫妇、家庭关系的进一步扩大。《礼记·大传》说:"人道,亲亲也。亲亲,故尊祖;尊祖,故敬宗;敬宗,故收族;收族,故宗庙严;宗庙严,故重社稷;重社稷,故爱百姓。"不同父子之间的亲亲之情将世代关系连成一个链条,但祖先与自己在时间中的间隔越久远,亲亲的机会和可能性就越小。一般情况下我们无法与祖父、曾祖父等祖先建立起一种像父亲一样的情感,但父亲所亲之人、祖父所亲之人,我们又不能以普通人甚或陌生人看待。亲亲之情在时间

---

[1] 张祥龙:《代际时间:家的哲学身份——与孙向晨教授商榷》,载《探索与争鸣》2021年第10期,第63页。

上的回溯要求重视久远的祖先，这就导出了尊祖敬宗。同一祖先衍生出的不同分支因为尊祖敬宗而获得了相互认同的基础，由此被联结起来。《尚书·尧典》已经将亲族关系视为政治治理的一个重要环节："克明俊德，以亲九族。九族既睦，平章百姓。百姓昭明，协和万邦。"从亲睦九族到治理百姓、协和万邦，勾画了理想治理的层次性。九族指的是由血缘关系和婚姻关系连接起来的人群，这是中国古代最基本、最亲近的社会关系。丧服制度最能体现亲族制度，从自身向上数四代，父、祖、曾祖、高祖，向下数四代，子、孙、曾孙、玄孙，每个人都在自己的世代关系中，所以每个人都是历史连续中的一环。这九个世代关系可以向前或向后不断移动，构成了一种从人的代际丈量时间的方式。因为时间是无限的，所以世代也可以在时间中无限延展，但是个体却是脆弱的，后代未必能够真正实现向未来的延展。"以亲九族"之所以必要，就在于通过促成亲族内部个体之间的相互支持，以家族的长期存续保证个体的生存发展，让个体所处的历史链条不至于断裂。历史链条不断裂，就意味着文明能够不断延展。

家族制度在中国经历了几个典型的发展阶段，如西周的宗族制度、魏晋到唐的世家大族式家族制度、宋明之后出现的聚族而居的家族组织。[1]以下对家族制度延续文明之功进行分析。

西周时期的宗族制度以团结亲族为目标，宗子通过祭祀祖先来汇聚源自共同祖先的各支族人，宗统与君统、政治原理与亲属伦理被统一起来，以此来维护政治秩序的稳定。春秋以后，由于以家庭为单位的土地所有制代替了以宗族为单位的土地所有制，所以宗法制度逐渐瓦解而被家族制度代替。汉代的经学博士制度，使得一些家族因能够明经而累世为官，由此形成了一批经学家族。邹鲁有谚曰："遗子黄金满籯，不如一经。"（《汉书·韦贤传》）经学为家族的传承提供了助力。《后汉书·儒林传》载甄宇习《严氏春秋》："传业子普，普传子承。承尤笃学，未尝视家事，讲授常数百人。诸儒以承三世传业，莫不归服之。建初中，举孝廉，卒于梁相。子孙传学不绝。"龙亢桓氏三代为帝师，桓焉、桓彬、桓麟、桓俨等皆因经学而入仕为官。弘农杨氏家族中，杨震研习《尚书》，其子杨秉传父业，后世杨赐、杨彪、杨修等也因经术而见用。随着这些经学家族的延续，经学得到空前发展，儒家十三经的体系也在汉唐之间基本奠定，为中华文化建立起一个十分稳固的精神根基。

---

[1] 参见干春松：《制度化儒家及其解体》，北京：中国人民大学出版社，2003年，第85页。

在魏晋南北朝国家分裂动荡之际，宗族集团却得到显著发展。宗族通过集体的力量保存了个体生命，也保存了文化。钱穆说："门第之在当时，无论南北，不啻如乱流中岛屿散列，黑夜中灯炬闪耀。北方之同化胡族，南方之宏扩斯文，斯皆当时门第之功。"[1] 虽然改朝换代频繁发生，但家族却不断绵延，很多家族在历史舞台上活跃了数百年之久，横跨数个朝代。比如琅琊王氏兴起于汉代，发展于曹魏，鼎盛于两晋，至隋唐时期才趋于衰落；陈郡谢氏则兴起于曹魏，鼎盛于东晋，衰落于南朝。"旧时王谢堂前燕，飞入寻常百姓家"，在后世历史中王谢家族并未消失，而是深潜于中国历史发展潮流，成为中华民族大家庭中的一部分，成为延续中华文明的力量。张祥龙说："中华文明有一个表现就是，当它遇到重大灾难时，能够凭借着家族、家庭来保藏文明的火种。家庭和家族首先是一个时间的存在者，代际时间的构造者。而在中国历史上和其他文明所经历的一样，出现过多次很可能使文明断绝的危机……但是凭借家族传承的华夏文化，使得儒家文明没有被打散和消灭。"[2] 可见家庭、家族是保证中华文明长期绵延发展的载体。

在宋代，由于国家维持社会稳定的需要、科举制度的深

---

[1] 钱穆：《国史大纲》（新校本），北京：九州出版社，2011年，第334页。
[2] 张祥龙：《"家"与中华文明》，载《中央社会主义学院学报》2018年第6期，第119页。

入发展、士大夫将"齐家治国平天下"的条目落实在外王实践之中,就出现了效法周代宗法制度的潮流,家族文化得到了大力弘扬。宋太祖赵匡胤曾下诏:"厚人伦者莫大于孝慈,正家道者无先于敦睦,况犬马尚能有养,而父子岂可异居。……仰所在长吏,明加告诫。"(《宋会要辑稿·刑法二》)另外,国家还通过法律形式禁止分居、旌表有突出贡献的族长、对有困难的家庭进行帮扶、鼓励编修族谱、设置义田等方式,维持和强化宗族意识。宋元以后出现的大家庭,以累世同居共财为主要特征,人口越来越多,存在的时间也越来越长,如:江州德化许氏,八世同居,长幼共781人;吉州永新颜氏,一门千余口;浦江郑氏,十五世同居350余年,到明代时人口已达数千。据《元史·孝义传》记载,得到朝廷旌表的大家庭有近20家,《明史·孝义传》所载则有30余家。[1] 选择以大家族的方式生活,对于贫穷家庭而言,是为了对抗生存的风险,以血缘关系为纽带相互扶持。富裕家庭则凭借公共财产把族人维系在一起,共同分担风险的同时,也集中力量谋求家族在科举、仕途、田宅、经商等方面的进一步发展。这种群居方式也在一定程度上推动了文明的延续。

---

[1] 参见张敏杰:《中国古代的婚姻与家庭》,杭州:浙江人民出版社,2004年,第47页。

在中国古代，宗法制度、家族制度之所以能够长期持续，还在于通过有效的制度设计保证家族内的权力能够以和平的方式实现过渡。权力的和平过渡又意味着政治秩序的稳定，政治秩序的稳定性是影响文明的长短的重要变量。张祥龙说：

> （继承制度）对文明的长短的影响也很重要，因为如果政权经常不稳定，文明也不会很长远。但中国基本上比较好地解决了这个问题。先秦是一种模式，靠分封，但同时又有内在的文化上的一统和精神号召力。先秦以后逐渐找到一种方式，就是通过家庭内部和外部的儒家所谓教化，使得君主的权力和太子的权力能够同时交叠存在，君主死后太子接位是比较平稳的，有合法性的。[1]

周代宗法制中，王室的子孙，嫡则为天子，庶则为诸侯。嫡长子所承的是百世不迁之宗，非嫡长子所承的则是五世之宗。这样的继承原则确立了宗法体系中不同成员的分位，强干弱枝，保证了政治秩序的稳定性。秦汉以后，在采取嫡长子继承制的同时，又对权力进行了更严格的制约。通过皇帝

---

[1] 张祥龙：《"家"与中华文明》，载《中央社会主义学院学报》2018年第6期，第119—120页。

与太子、内朝与外朝的不同权力分配,保证权力集中于皇帝,避免权力因分散而导致混乱,让权力能够和平继承。这是统治阶层的制度设计方式。对于财力薄弱的普通家庭,如果按照嫡庶来分配财产,必然会导致庶子陷入贫困而难以为继,所以家庭财产主要是按平均原则分配。所有男性的直系后代都有继承财产、祭祀祖先的权力,"嫡长子单独垄断祭祀事务已被众子共同祭祀所代替,只不过嫡长子往往具有主祭人的身份,并在管理神主、祠堂、家谱等方面负有较多的责任"[1]。这种继承方式在很大程度上保证了子孙的生存和发展。

此外,人文教化、家规、家训的确立也让集体观念得到不断夯实,宗法制度、家族制度由此得以长期延续。在家族的延续中,人文教化、家规、家训又以家族为依托得到了长期延续。所以传统社会就呈现出自发的和谐局面,"生活各方面,人和人的关系,都有着一定的规则。行为者对于这些规则从小就熟习,不问理由而认为是当然的。长期的教育已把外在的规则化成了内在的习惯。维持礼俗的力量不在身外的权力,而是在身内的良心。所以这种秩序注重修身,注重克己。理想的礼治是每个人都自动地守规矩,不必有外在的监督"[2]。人文教化的优势在于将道德行为的责任归结到自律

---

[1] 张敏杰:《中国古代的婚姻与家庭》,杭州:浙江人民出版社,2004年,第94页。
[2] 费孝通:《乡土中国》,北京:中国青年出版社,2022年,第67页。

之上，而不强调通过一种外在的约束实现道德，这就是"止物不以威武而以文明"(《王弼集校释·周易注·贲》)的柔性治理手段。这也意味着这是一种可以持续的政治统合方式。中国古代宗族通过教育、调解、说理、法治与德治相结合的方式，实现了群体长期和谐相处、家族长期延续的目的。

周代的宗法制度，本质上是一种礼乐制度，且通过礼乐实践来安排宗族秩序。《礼记·曾子问》："曾子问曰：'宗子为士，庶子为大夫，其祭也如之何？'孔子曰：'以上牲祭于宗子之家，祝曰：孝子某为介子某荐其常事。'"宗子与庶子的不同通过祭礼体现出来。而礼仪实践对于不同个体的分位的规定，又强化了宗族的身份认同。周朝通过一系列制度创新、精神立法维护了宗法体系，如《尚书·召诰》《尚书·无逸》虽然是政治性的告诫之词，但同时也是周公为维护家族的统治而发出的告诫。

古代中国的基层社会，往往由有威望、有实力的基层领袖负责教化，在汉代这种人具有"非吏而得以吏比"[1]的权威。如《汉书·高帝纪》二年令："举民年五十以上，有修行，能帅众为善，置以为三老，乡一人。择乡三老一人为县三老，与县令、丞、尉以事相教，复勿徭戍。以十月赐酒肉。"《汉书·文

---

[1] 牟发松：《汉唐历史变迁中的社会与国家》，上海：上海人民出版社，2011年，第227页。

帝纪》十二年诏:"孝悌,天下之大顺也。力田,为生之本也。三老,众民之师也。廉吏,民之表也。朕甚嘉此二三大夫之行。今万家之县,云无应令,岂实人情?是吏举贤之道未备也。其遣谒者劳赐三老、孝者帛,人五匹;悌者、力田二匹;廉吏二百石以上率百石者三匹。及问民所不便安,而以户口率置三老、孝、悌、力田常员,令各率其意以道民焉。"汉代以后又出现了乡望、民望、耆老等基层民众领袖。这些基层领袖在维持地方秩序、劝课农桑、化民成俗等方面起到了重要作用。当基层发生矛盾,基层领袖可以以家规、乡约为依据,秉公裁决。清代陈宏谋说:"如族众某房有不孝不弟、习匪打降等事,房长当即化导,化导不遵,告知族长,于祠中当众劝戒,如有逞强不率,许其报官惩处。至于口角争斗,买卖田坟,族长房长秉公处断,即为劝释。如与外姓争斗者,两造族长房长秉公会议,应劝释者劝释。如经官司,两造族长房长当堂公言,偏袒者分别罚戒。"(《清经世文编》卷五十八《礼政五》)强调通过化导、劝诫、劝释等方式化解矛盾。孔子说:"听讼,吾犹人也,必也使无讼乎!"(《论语·颜渊》)要达到无讼、息讼,就要通过说服、协商、推恕来化解矛盾。宗族之间既有血缘、亲缘上的关联,又是地缘上的共在。血缘、亲缘意味着彼此有情感经验和祖宗认同,同根同心、同气连枝,不能对亲族的感受和处境视而不见。地缘则意味着一种共在，长期的对抗不是一种理性的策略，所以必须探索能够长期相处的智慧。家庭是孕育共生智慧的重要场所，从家庭中孕育的这种智慧促成了中华文明的长久延续。普通家庭想要长期存续，就需要确立起长期存续的生存之道、凝聚家族的精神传统。古代还通过建祠堂、修族谱、祭祖先的方式凝聚家族成员的精神认同。家族成员的精神认同过程也是家庭的伦理化过程，伦理化的过程意味着一种共在秩序的确认，且以家庭成员之间的和睦和谐作为立家的目标。家庭的和睦是家庭能够长期持续的前提，也是中华文明能够长期延续的基础。

第二节 "天下—国—家—身—家—国—天下"循环

中国文化中的家文化的突出特点在于指向国家、天下。家是微缩的政治关系，国和天下是扩大的家庭规模。中华文化强调以家庭逻辑拟构国家、天下，以家庭原理理解天下国家。罗汝芳说："盖天命不已，方是生而又生；生而又生，方是父母而己身，己身而子，子而又孙，以至曾而且玄也。故父母兄弟子孙，是替天命生生不已显现个肤皮；天命生生不已是替孝父母、弟兄长、慈子孙通透个骨髓。直竖起来，便成上下今古；横亘将去，便作家国天下。孔子谓：仁者人也，亲亲之为大焉。其将《中庸》《大学》已是一句道尽。"(《罗汝芳集·近溪子续集》）也就是说，天道的流行不已必然要以生成个体的方式表现出来，在人事上就体现为一种生生不绝的家庭关系。家庭关系是纵向的生生，横向的生生则构成了天下国家的政治关系。

孙向晨在《论家：个体与亲亲》一书中提出从"个体"和"亲亲"的"双重本体"来重新理解"家"的哲学意义，即"个体为重"所强调的个体性价值，"亲亲为大"所重视的伦理原则，都是"稳健的、完整的现代社会"所必需的条件。

但张祥龙认为，从中国的家文化可以看到一个"三体"的结构：个体、家和集团。"在这个三体结构中，个体与集团占了两个极端，都曾以各种形式被西方传统哲学奉为实体；而家或亲亲则绝不是这种实体，它只是本体，而且是居于另两者之间的更加源发的本体。家养育了个体，却不止于个体；家中出来的人们可以尊奉某种超越原则而组成集团，但家不是这种集团。从人生和历史的实际生活经验或'事情本身'看来，这三体里边，只有家是自足的和源发生的。所以，要真正理解中国的现代乃至未来的命运，必须看到家的这种原本体地位。"[1] 也就是说，在个体、家、集团的结构中，家更为根本，人首先是在亲子关系中存在的，不是作为一个单独个体而存在的。所以对于个体而言，家是自足的、源发生的。家不是个体，也不是个体的集合，家是养育个体的地方，但家又不是一种个体主义。家也不是超越个体之上的集团，因为家不可能没有身体与情感这样的生命质料和正在生成着及被生成着的生命关系。由于有姻亲、远亲等关系，家这一实体与其他的家并没有清晰的分界，因此它自身也并非一个更高级的个体。

而在赵汀阳的研究中，中国传统政治哲学框架里的政治单位具有三个层次：天下、国、家。天下不仅是尺度最大的政治单位，而且是整个框架的最终解释原则。天下理想就是要在最广大的空间场域中建构一种符合伦理的政治。这种政治的起点在于家、国。在这个政治空间里，政治解释形成了"天下—国—家"的包含秩序，其伦理解释则形成了"家—国—天下"的外推秩序，两者形成互相解释的内在循环。[2] 在这种解释中，不管是从政治解释还是伦理解释着眼，天下都更为根本。政治解释中天下意味着至大无外的空间，伦理解释虽然是以家为起点的，但又要基于共在存在论，立足天下、

---

1 张祥龙：《代际时间：家的哲学身份——与孙向晨教授商榷》，载《探索与争鸣》2021年第10期，第61页。
2 参见赵汀阳：《天下的当代性》，北京：中信出版社，2016年，第13页。

立足全局才有伦理的生成。

但在笔者看来，中华文明中也有重视个体修身的传统，《大学》的八条目，就是从修身到治国、平天下的逐次推扩，格物、致知、诚意、正心都指向个体修身。《孟子·离娄上》也说："天下之本在国，国之本在家，家之本在身。"所以，天下、国、家的政治空间必须包含"身"这一维度，即：天下—国—家—身；伦理秩序的展开层次也必须从身开始，即：身—家—国—天下。将其结合起来，就成为"天下—国—家—身—家—国—天下"的循环。天下的整体义、民心义，对于个人而言就是一种能够立足全局全域定位自身的道德义，因为照顾到了普天之下，就是照顾到了整体，就是道德的充分实现。把握民心，也需要道德，通过道德把握了民心，就把握了整体，也就获得了天下。《大学》"自天子以至于庶人，壹是皆以修身为本"，不仅说的是从己身开始的道德修养指向天下，同时也是说因为所有人都在天之下生活，所以必须立足全体。立足全体自然就有照顾普天之下的要求，照顾到整体，就必须从修身开始。

第三节　家庭孕育的政治文明

与西方自然权利学说所主张的人先学会自爱才能爱人不同,中华文化认为"人并非先学会自爱进而学会爱人,反而是在爱人和被爱的情感经验中学会自爱。而在众多情感中最先被经验到的就是生命中原发性的,在其成长、共处过程中不断被培育的孝悌之情。正因如此,有子称孝悌是为仁之'本'"[1]。家庭生活是在爱人(守护别人生命)与被爱(别人守护我的生命)中培育出不断延续恩情的存在形式。家庭生活就是恩情的反馈和流动,在反馈和流动之中,人类共同体得以延续。

世界上任何一个民族只要想继续存在,就要关心家庭,但像中华文化般如此重视家庭对政治生活、文明发展所产生的基础性、根源性作用的文明,则较为少见。孙向晨认为:"亚里士多德并不认为在'家庭'中父子、夫妇和兄弟的关系是城邦的基础。虽然在论述上,亚里士多德首先论述了'家'的问题,但他同时认为'城邦'在本性上是先于'家庭'和'个

---

[1] 许瀚艺:《再思"差序格局":两个思想传统下的中国社会现实》,载《哲学研究》2022年第10期,第77页。

人'的。他反过来以政治作为中介来分析'家'的不同关系。父子关系具有君主制的形式,主奴关系是僭主制的,夫妻关系是贵族式的,而兄弟关系则具有某种民主制的特点。这一模式具有深刻的影响力,至今在西方有限的论述'家'的哲学中也依然延续着用政治术语作为中介来分析'家'问题的模式。"[1] 也就是说,亚里士多德是以城邦为根据来理解家庭关系的,城邦具有更为根本、更先在的意义。而中国的传统更偏向于以家庭为立足点,强调家庭对于更广泛的政治秩序的基础性意义。

值得注意的是,亚里士多德借助城邦的政治关系来拟构家庭关系,通过君主制来理解父子关系,通过僭主制来理解主奴关系,通过贵族式来理解夫妻关系,通过民主制来理解兄弟关系。而中华文化却恰恰与此相反,强调借助家庭关系拟构政治关系。如《孝经》:"资于事父以事母,而爱同;资于事父以事君,而敬同。故母取其爱,而君取其敬,兼之者,父也。故以孝事君则忠,以敬事长则顺。"唐玄宗注:"移事父孝以事于君,则为忠矣。移事兄敬以事于长,则为顺矣。"(《孝经注疏·士章》)主张把在家庭之中培养出的德性迁移到政治生活中,将对父之孝移于君,则为忠;将对兄之敬移于长,则为顺。家庭中所孕育的德性,具有一种原生性,

---

[1] 孙向晨:《论家:个体与亲亲》,上海:华东师范大学出版社,2019年,第119页。

人的社会性是在家庭中孕育的。上引《序卦》也告诉我们，夫妇、父子是君臣等政治关系得以产生的前提，家庭关系让"礼义"有了实现的基础，也就意味着家庭关系是更大范围的家国天下秩序展开的前提和基础。作为家族文化重要内涵的"亲亲"包含两个向度：既有父母对子女的慈爱，也有子女对父母的孝爱。慈爱更多是一种自然情感，甚至在动物身上也有强烈表现；而"孝爱"更多是一种人文教化，这种教化是建立在"亲亲"基础上的。孩子在成长中，经常会有叛逆期，这是"个体"成长的必然环节。这同时是一个教化的时期，任其本性发挥则会导致孩子在成长中缺乏一种制衡力量。在希腊文化中这种力量是靠城邦公民的教化来完成的，在基督教传统中制衡是靠上帝信仰来完成的，在中国文化传统中制衡是靠建立在"亲亲"之上的"孝悌"德性来完成的。[1] 要想自然的"亲亲"之爱不被扭曲，不流于溺爱，就需要教化而成"孝悌"之德性。"孝悌"是一种在关系制约中产生的德性，个体在家庭中理解了制约关系中的德性，也就能认识到在更广大的共在关系中也要受到制约，这是一种在家庭中孕育政治德性的机制。

《论语·学而》："有子曰：'其为人也孝弟而好犯上者，

---

[1] 参见孙向晨：《在现代世界中拯救"家"——关于"家"哲学讨论的回应》，载《探索与争鸣》2021年第10期，第77—84页。

鲜矣；不好犯上而好作乱者，未之有也。君子务本，本立而道生。孝弟也者，其为仁之本与！'"从家庭伦理向政治伦理的转化中，家庭伦理具有"本"的意义。朱熹曰："言君子凡事专用力于根本，根本既立，则其道自生。若上文所谓孝弟，乃是为仁之本，学者务此，则仁道自此而生也。"在家庭中涵养孝悌之德，对外的推扩即为仁道。所以家庭之德与政治之德是一贯的。如程子所说："德有本，本立则其道充大。孝弟行于家，而后仁爱及于物，所谓亲亲而仁民也。"但是，又不可直接将孝悌之德视为仁德。"或问：'孝弟为仁之本，此是由孝弟可以至仁否？'曰：'非也。谓行仁自孝弟始，孝弟是仁之一事。谓之行仁之本则可，谓是仁之本则不可。盖仁是性也，孝弟是用也，性中只有个仁、义、礼、智四者而已，曷尝有孝弟来？然仁主于爱，爱莫大于爱亲，故曰孝弟也者，其为仁之本与！'"（《四书章句集注·论语集注》卷一）不能将孝悌直接视为仁，原因在于仁是道德的全体，体现了对其他德目的统摄性；孝悌则是一种具体的道德实践，孝悌这种道德实践中体现了仁，但不能说这种道德实践就是仁，因为这种道德实践不能涵盖道德的全体。区分孝悌与仁，就是要强调道德伦理虽从家庭中扩展而出，但个体的价值不能局限在家庭之中，要突破自身，突破小的集体，指向国家、天下等更广泛的群体。所以中国人的道德实践始于爱亲，但又要在更广阔的世界中呈现出差次。《中庸》："为政在人，取人以身，修身以道，修道以仁。仁者，人也，亲亲为大；义者，宜也，尊贤为大。亲亲之杀，尊贤之等，礼所生也。"中华文化以礼建立起一种亲亲、尊贤的差等关系，礼起到了维系政治共同体秩序的作用。对这一差等关系，《孟子》有一个经典表述："君子之于物也，爱之而弗仁；于民也，仁之而弗亲。亲亲而仁民，仁民而爱物。"亲亲、仁民、爱物形成一个差等，"统而言之则皆仁，分而言之则有序"（《四书章句集注·孟子集注》卷十三）。这被称为"理一而分殊"。"理一"指的是从家庭伦理中所孕育的"仁"，"仁"是贯通于家庭、社会、天下国家的构造性力量。所以"中国古代的王朝政治，从政治原理上来说，并非家族政治，而是一种在家族原理下的政治。……'天下一家'的政治是立足于天下整体性的政治，超越族群，超越任何一种特定的集团"[1]。家族政治与家族原理下的政治的不同，在于家族原理下的政治的视野指向的是天下，以安顿最广大的存在者为目的。这种安顿，事实上就是由孝悌扩充为"仁"的构造性力量的展开。

---

[1] 张志强：《"三代"与中国文明政教传统的形成》，载《文化纵横》2019年第6期，第95页。

一朝之日也,一日之人也,然而厌焉有千岁之固,何也?曰:援夫千岁之信法以持之也,安与夫千岁之信士为之也。人无百岁之寿,而有千岁之信士,何也?曰:以夫千岁之法自持者,是乃千岁之信士矣。

——《荀子·王霸》

第二章
国家与文明的连续性

中华文明是在广土众民凝聚不散的大规模政治体中,在多元一体的一统秩序中发展至今的。大规模政治文明体的更迭延续,充分证明了中华文明旺盛的生命力。

冯友兰在《西南联合大学纪念碑》中提道:"盖并世列强,虽新而不古;希腊、罗马,有古而无今。惟我国家,亘古亘今,亦新亦旧,斯所谓'周虽旧邦,其命维新'者也。"[1] 在世界各大文明中,唯有中国能够以亘古亘今的大规模政治文明体延续至今,不断开辟出胸怀天下、万物一体的政治传统,形成"守先待后""源流互质"的历史自觉,让中华文明在不同的历史时期迸发出勃勃生机。

钱穆认为:"希腊乃西方历史之播种者,中国乃东方历

---

1 冯友兰:《三松堂全集》(第一卷),郑州:河南人民出版社,2000年,第301页。

史之栽根者。播种者新种散布，旧种凋零。栽根者枝叶日茂，根盘日大。"[1] 从古至今，中华文化始终是在中华大地上、在大规模政治文明体中绵延发展的，中国独立之民族生命因为国家形态的捍卫而未曾断绝，中华民族共同体也因为政治的统合作用而始终凝聚不散。

第一节　大规模政治文明体的连续特征

在传统中国，以大规模政治文明体发展演进的历史具有清晰可辨的连续性特征。夏、商、周本来是三个不同的族群、政治集团，它们在不同的空间交替成为天下共主，最终形成一种时间上的连续关系。夏朝是一个广域王权国家，大规模王权的出现标志着夏朝具有广阔的统治范围。商、周的分封制度则把建立地方政权与巩固自身统治有机结合起来，增强了共同体的文化认同和政治凝聚力。《尚书·召诰》曰："我不可不监于有夏，亦不可不监于有殷。我不敢知曰，有夏服天命，惟有历年；我不敢知曰，不其延。惟不敬厥德，乃早

1　钱穆：《政学私言》（新校本），北京：九州出版社，2011年，第256页。

坠厥命。我不敢知曰，有殷受天命，惟有历年；我不敢知曰，不其延。惟不敬厥德，乃早坠厥命。今王嗣受厥命，我亦惟兹二国命，嗣若功。"三代出现的天命观，将不同的历史阶段和文化单元都统一在连续性的时间秩序中。在周人的政治理解中，天命是贯穿于三代的连续历史的轴心。周人认为不能不以夏为鉴戒，也不能不以殷为鉴戒。夏、商因接受天命而经历长久，又因为不敬重德行而丧失了天命的眷顾。所以周朝在承受天命的同时也意识到，要以敬德保民延长国祚。这就要求天命所代表的客观性与敬德所代表的主动性相互印证，"天视自我民视，天听自我民听"（《尚书·泰誓中》），在民心向背中把握天命转移的道理。基于天命观，殷、周之际发生的变革就不是历史的断裂，而是政治文明体在因革损益中的连续发展，三代的历史被纳入一个连续的结构中。基于对天道的连续性的理解，传统中国的政治观念都体现出了一种明显的继承意识。"朝代"的"朝"，本意指的是太阳已从草丛升起而月亮还未落的早晨，意味着是新的一天的开始，所以某个朝代指的是在日月相继的天时连续中，某一时间刻度的值守人。这种"天地为主，我为客"的思想，让各朝代均有一种赓续历史的观念。历朝历代都强调要"正朔相承"，其深意正在于将当时当世的政治秩序理解为连续的天时中的自我更化，新的政治秩序则是在统一的整体时间中的人为创制。同时，这种新的政治秩序指向了人开显天地之德的形态，即以"改正朔"的方式，在连续性的天时中重建属于当时的政治时间。如《史记·历书》："王者易姓受命，必慎始初，改正朔，易服色，推本天元，顺承厥意。"新的政治秩序确立之初，人事上的"改正朔，易服色"，其根据在于"天元"，即根据时代的变化，顺应客观境遇，把握历史主动，建立起可以长期持续的政治秩序。

"三代之得天下也以仁，其失天下也以不仁。"（《孟子·离娄上》）得天下以仁、合天下为一可以突出地概括三代的政治特征，前者指的是三代的价值原理，后者指的是三代的国家形态。三代的价值原理是通过国家形态的建构、维持过程体现出来的，得天下以仁则是合天下为一的途径。三代的历史发展不仅为中国政治的展开提供了价值原理，也为后世中国历史的发展指明了基本方向。后世对于正统论的讨论事实上是以得天下以仁、合天下为一这一政治传统为范型展开的。

饶宗颐说："《春秋》言'统'之义，原本于时间，即继承以前之系绪之谓。为正闰之说者，其争论焦点，即在于承接之间是否为正与不正之问题。……自汉以来，史家致力于正统问题之探讨；表面观之，似是重床叠屋，细察则精义纷披，理而董之，正可窥见中国史学精神之所在。正统理论之精髓，在于阐释如何始可以承统，又如何方可谓之'正'之真理。"[1] 历史上主要是从得天下之正、合天下为一这两个方面考察政治合法性的。王夫之说："统之为言，合而并之之谓也，因而续之之谓也。"（《读通鉴论》卷末《叙论一》）国家形态的完整与继承关系的正当与否是考察得统之正的重点。最理想的情况是能够兼顾二者，然而历史上总是二者不可得兼。梁启超就认为：

> 正统之辨，昉于晋而盛于宋，朱子《通鉴纲目》所推定者，则秦也，汉也，东汉也，蜀汉也，晋也，东晋也，宋、齐、梁、陈也，隋也，唐也，后梁、后唐、后汉、后晋、后周也。本朝乾隆间御批《通鉴》从而续之，则宋也，南宋也，元也，明也，清也。所谓正统者，如是如是。而其所据为理论，以衡量夫正不正者，约有六事：一曰，以得地之多寡而定其正不正也。凡混一宇内者，无论其为何等人，而皆奉之以正，如晋、元等是。二曰，以据位之久暂而定其正不正也。虽混一宇内，而享之不久者，皆谓之不正，如项羽、王莽等是。三曰，以前代之血胤为正而其余皆为伪也，如蜀汉、东晋、南宋等是。四曰，以前代之旧都所在为正而其余皆为伪也。如因汉

---

[1] 饶宗颐：《中国史学上之正统论》，北京：中华书局，2015年，第82页。

而正魏，因唐而正后梁、后唐、后晋、后汉、后周等是。五曰，以后代之所承者所自出者为正而其余为伪也，如因唐而正隋，因宋而正周等是。六曰，以中国种族为正而其余为伪也，如宋、齐、梁、陈等是。[1]

三代以后主要有两种情况会引发得统是否为正的讨论：一是大一统局面的出现或更迭；二是未能实现完全统一。基于统一或分裂的局面，不同的政权对政治合法性的主张就会有所不同。但对于正统的重视，则体现了对政权的承续关系、政治合法性的来源的强调。实现了统一者会从受命、合天下为一的角度强调自身的正统性，并立的政权则会选择从历史文化的继承关系中强调自身的正统性。合天下为一者，要想长期占据地理空间，就要处理既有秩序与新的统治力量的适应性问题。如前所述，既有秩序往往由文化传统所塑造，故如何对待传统所造成的"势"，在很大程度上影响着政治统治的连续性。所以统治者只能随事而制、因时而变，借助固有传统来进行新的秩序构建。而新的秩序的建立者都会以正统自居，以显示其最具合法性。将正统的诉求方式置于中国的整体历史，在古代，通常以新的身份塑造为途径，把历史溯源至主流文化中的某个符号或人物，比如炎帝、黄帝，以

---

[1] 《梁启超文集》，北京：线装书局，2009年，第118页。

此将自身纳入有影响力的历史谱系之中。由此新政权就可以通过占有对自身及整体历史的解释权,消除文化隔阂,以获得民众支持,由此组建当下的稳定结构,最终掌握未来。

其中突出的例子是元朝对自身身份的重新塑造。1271年,忽必烈接受刘秉忠的建议,据《周易·乾卦·彖传》"大哉乾元"改国号为"大元"。《建国号诏》曰:

> 诞膺景命,奄四海以宅尊;必有美名,绍百王而纪统。肇从隆古,匪独我家。且唐之为言荡也,尧以之而著称;虞之为言乐也,舜因之而作号。驯至禹兴而汤造,互名夏大以殷中。世降以还,事殊非古。虽乘时而有国,不以(利)〔义〕而制称。为秦为汉者,著从初起之地名;曰隋曰唐者,因即所封之爵邑。是皆徇百姓见闻之狃习,要一时经制之权宜,概以至公,不无少贬。
>
> 我太祖圣武皇帝,握乾符而起朔土,以神武而膺帝图,四震天声,大恢土宇,舆图之广,历古所无。顷者,耆宿诣庭,奏章申请,谓既成于大业,宜早定于鸿名。在古制以当然,于朕心乎何有。可建国号曰大元,盖取《易经》"乾元"之义。兹大冶流形于庶品,孰名资始之功;予一人底宁于万邦,尤切体仁之要。事从因革,道协天人。於戏!称义而名,固匪为之溢美;孚休惟永,尚不负于

投艰。嘉与敷天,共隆大号。(《元史·世祖四》)

诏令中的"诞膺景命""绍百王而纪统""肇从隆古",都体现了忽必烈要承受天命,继承中华文明的统绪,以中华文明的继承人自居。清兵入关以后,顺治即位诏书如出一辙:"我国家受天眷佑,肇造东土。列祖创兴宏业,皇考式廓前猷,遂举旧邦,诞膺新命。"(《清史稿·世祖本纪一》)清朝也以受命者的身份强调其统治的合理性。

忽必烈陈列唐尧、虞舜、夏、殷、秦、汉、隋、李唐诸朝,强调元朝也在历史的统绪之中,将自身的历史纳入了中华文明的历史进程。同时忽必烈还认为中原王朝的国号都是源于某些具体的原因,或是初起之地,或是所封之爵邑,没有一种普遍含纳天下的格局。而基于元朝"历古所无"的疆域,忽必烈认为只有"大元"能够体现广大无限的天下寓意。这是在继承前朝的历史的基础上,彰显接续中华文明政统的意识。忽必烈是在本集团的质疑中表现出对中华文明正统的坚定继承意志的:"本朝旧俗与汉法异,今留汉地,建都邑城郭,仪文制度遵用汉法,其故何如?"(《元史·高智耀传》)忽必烈的正统意识,包含着合天下为一的政治观。元朝灭南宋就是以天下一统观念为动力的。《元史·刘整传》记载了刘整向忽必烈进言之事:"入朝,进言:'宋主弱臣悖,立国一隅,今天启混一之机。臣愿效犬马劳,先攻襄阳,撤其捍蔽。'廷议沮之。整又曰:'自古帝王,非四海一家,不为正统,圣朝有天下十七八,何置一隅不问,而自弃正统邪!'世祖曰:'朕意决矣。'"著名的宋遗民谢枋得曾率兵抗元,南宋灭亡后,他屡次拒绝元朝征辟,后被强行送往大都,绝食而死。但谢枋得曾称赞:"大元制世,民物一新。"(《续资治通鉴·元纪·世祖圣德皇帝》)可见元朝入主中原极大地更新了中华民族的生存境遇。如姚大力所揭示:"明朝推翻元朝而统治中国,这件事在明初的人看来,它的意义不过是实现了一次改朝换代而已。这一点给钱穆以极大的刺激。在他的长篇论文《读明初开国诸臣诗文集》里,钱穆非常敏锐地发现,当时人们大都'仅言开国,不及攘夷','心中笔下无华夷之别'。"[1] 可见,元朝的创立,在很大程度上得到了人们的认可。元朝通过一系列制度创造,极大地扩展了中华文明的格局,为中华民族注入了活力,为大规模政治文明体的发展开拓出更为广阔的道路。

---

[1] 姚大力:《追寻"我们"的根源:中国历史上的民族与国家意识》,北京:生活·读书·新知三联书店,2018年,第6页。

第二节　国家形态对于文明连续的意义

国家的统一对于文明的连续具有重要意义，这是在中华民族的历史进程中积累的宝贵经验。《孟子·梁惠王上》梁襄王问孟子："天下恶乎定？"孟子对曰："定于一。"合天下为一是实现秩序稳定的前提。《史记·太史公自序》认为，在大一统格局中"士贤能而不用，有国者之耻；主上明圣而德不布闻，有司之过也"，统一的秩序能够人尽其才、物尽其用，为人力资源的流通提供政治保障。汉武帝在"泰山刻石文"中说："四海之内，莫不为郡县；四夷八蛮，咸来贡职。与天无极，人民蕃息，天禄永得。"（《风俗通义》卷二）在汉武帝的设想里，国家"大一统"的局面能够使理想的政治秩序尽可能地延续，甚至能够与天地同始终。除了"人民蕃息"所指向的生产生活实践不被中断以外，统一的局面还会进一步促进经济的繁荣。《史记·货殖列传》说："汉兴，海内为一，开关梁，弛山泽之禁，是以富商大贾周流天下，交易之物莫不通。"文明的交流也在统一性秩序中得到实现："海外殊俗，重译款塞，请来献见者，不可胜道。"

政治的统一还意味着可以通过顶层设计探索出一种柔性

的治理方式，柔性的治理方式又意味着一种可以长久存续的政治秩序。《汉书·王吉传》载王吉上疏说："《春秋》所以大一统者，六合同风，九州共贯也。今俗吏所以牧民者，非有礼义科指可世世通行者也，独设刑法以守之。其欲治者，不知所由，以意穿凿，各取一切，权谲自在，故一变之后不可复修也。是以百里不同风，千里不同俗，户异政，人殊服，诈伪萌生，刑罚亡极，质朴日销，恩爱浸薄。孔子曰'安上治民，莫善于礼'，非空言也。"王吉认为在大一统局面中，采用礼义、刑法两种治理方式会取得截然不同的效果。大一统的重要意义，就在于在六合、九州中建立起一种统一而有机的政治生活，以礼义陶冶百姓的性情，以此化除百姓的诈伪之心。这其实是将德政原则落实在大一统的格局中。《论语·为政》："子曰：'道之以政，齐之以刑，民免而无耻；道之以德，齐之以礼，有耻且格。'"朱熹注："齐，所以一之也。道之而不从者，有刑以一之也。免而无耻，谓苟免刑罚。而无所羞愧，盖虽不敢为恶，而为恶之心未尝忘也。……愚谓政者，为治之具。刑者，辅治之法。德礼则所以出治之本，而德又礼之本也。此其相为终始，虽不可以偏废，然政刑能使民远罪而已，德礼之效，则有以使民日迁善而不自知。故治民者不可徒恃其末，又当深探其本也。"（《四书章句集注·论语集注》卷一）在大一统格局中使用礼义，意味着能够充分激发出人内在固有的良善，从而实现最极致的和谐和最长久的治理。可见统一的政教秩序是文明得以持久的前提。

另外，大一统的政治秩序也促进了文化风俗和族群的交流融合，文化传统的韧性因之而增强，使得文化传统不会轻易夭折。以文化经典的保存和传播为例，秦代焚书坑儒，文化经典遭到重创，但汉代的国家统一、秩序稳定，为文化典籍的恢复提供了可能。《汉书·艺文志》开篇即言："昔仲尼没而微言绝，七十子丧而大义乖。故《春秋》分为五，《诗》分为四，《易》有数家之传。战国从衡，真伪分争，诸子之言纷然淆乱。至秦患之，乃燔灭文章，以愚黔首。汉兴，改秦之败，大收篇籍，广开献书之路。迄孝武世，书缺简脱，礼坏乐崩，圣上喟然而称曰：'朕甚闵焉！'于是建藏书之策，置写书之官，下及诸子传说，皆充秘府。至成帝时，以书颇散亡，使谒者陈农求遗书于天下。诏光禄大夫刘向校经传诸子诗赋，步兵校尉任宏校兵书，太史令尹咸校数术，侍医李柱国校方技。每一书已，向辄条其篇目，撮其指意，录而奏之。"可见文化经典的保存有赖于汉代大一统格局中"改秦之败，大收篇籍，广开献书之路"。"秦之败"指的是贯彻"以法为教，以吏为师"的法家思路，这种思路很大程度上忽视了文化发展为政治的稳定提供的理论引导、精神支持。汉代国家的统一以及对于儒学教化的肯定，使得作为中华文化主流的儒家文化在秦代受到的创伤得以修复，今古文经学的迭兴，是汉代学术思想达到繁荣的重要表现。而在汉代灭亡之后，文化典籍的散佚又成为不可避免的结局。《隋书·经籍志》："董卓之乱，献帝西迁，图书缣帛，军人皆取为帷囊。所收而西，犹七十余载。两京大乱，扫地皆尽。"魏晋南北朝时期长期处于战乱状态，经籍散佚的情况十分严重，梁丘、施氏、高氏三家所传的《周易》亡于西晋，孟氏、京氏《周易》，有书无师。古文《尚书》在西晋亡佚，永嘉之乱中，欧阳与大、小夏侯所传的《尚书》也亡佚，所以才在东晋时期出现了伪古文《尚书》。《诗经》中"《齐诗》，魏代已亡；《鲁诗》亡于西晋；《韩诗》虽存，无传之者"，只剩下《毛诗》一家。大量的礼类文献也在这一时期散亡，只剩下《周礼》《仪礼》《小戴礼记》等几种。隋唐大一统帝国的再造，使得文化典籍的再次整理成为可能。《五经正义》的颁行，让两汉魏晋南北朝的经学得到了新的集成。迄至宋代，中华文化在"右文"政策中走向了高峰。社会环境相对安定，促成富民社会的形成。印刷术、造纸术的使用，为文化典籍的刊刻、保存、传播提供了极大的便利。最终促成了理学的发生，成就了中华文化的又一个高峰。

第三节　文化传统塑造国家形态

一、政统论

中国历史对于政统的重视，最能体现政治主体对自身连续性的自觉。这种判断政治合法性的文化传统，对于国家形态的塑造起到了重要作用。政治上得统之正，又被称为"正统"。"正统论，简单地说，就是在历史编纂中，怎样纪年以叙事？用什么标准来标记历史时间？这其实是一个如何为历史立法，从而为人间立法，也是为宇宙天地立法的大问题，所以说，正统论具有中国文明的'元叙事'的意义，它是用一套历史哲学来讲的政治哲学，又安置于一套宇宙论中，其中蕴含着一整套文化价值原理，承载着中国文明的基本精神结构，关乎中国文明整体性的自我认识、自我想象和自我意义赋予。"[1]

"正"意味着道德性、应然性，要求"得天下以仁"；"统"意味着继承性、统一性，要求"合天下为一"。"得天下以仁"

---

[1] 江湄：《正统论：中国文明的一个关键概念》，载《开放时代》2021年第1期，第58页。

"合天下为一"是政治合法性的来源，这为政治秩序的长久延续提供了可能。

正统的获得，是在混乱、衰退的秩序中建立起一个新的开端。这一开端也是政治主体性的确立，每一个开端都意味着一个新的主体在时间中的诞生。因为时间是不断连续的，所以各个朝代的正统又是以不断继承开端的方式体现天道的连续。历朝历代均重视"改正朔"，即以新的时间秩序重建属于当代的政治时间。同时历朝历代又强调要"正朔相承"，其深意就在于将当代的政治秩序理解为连续的天时中的自我更化。新的政治秩序是在统一的整体时间中的人为创制，这种新的秩序指向的是人开显天地之德的主体意态。《汉书·王褒传》："记曰：共惟《春秋》法五始之要，在乎审己正统而已。""审己正统"就是对自身所处历史境遇有清醒的认识，在此基础上确立起新秩序的开端。开端意味着根源，所以开端也含有"主"的意义。天地可谓人的开端、根源、"主"，而人又是天地之间开显文明的主体，所以人就以继承天道的方式体现出主体性。颜师古对《汉书·王褒传》"五始"的解释是："元者，气之始；春者，四时之始；王者，受命之始；正月者，政教之始；公即位者，一国之始：是为五始。"因为人是天地之间开显文明的主体，所以以人道合天道，就是以合天时的方式开启当下的政教秩序。因为天道具有根本的主动性，所以王道也体现出"所过者化，所存者神，上下与天地同流"的主体精神。

在古代，接受朝廷颁行的历法，是承认正统的体现。《论语·卫灵公》载颜渊问孔子为邦之道，孔子回答说："行夏之时，乘殷之辂，服周之冕。"为什么"行夏之时"是为邦的首要举措？《左传》："夏数得天。"孔颖达疏："斗柄所指，一岁十二月，分为四时。夏以建寅为正，则斗柄东指为春，南指为夏，是为得天四时之正也。若殷、周之正，则不得正。"（《左传注疏》卷四十八）北斗星之斗柄直指东方时恰为春季。如朱熹所揭示，这是一种"取其时之正与其令之善"（《四书章句集注·论语集注》卷八）的时间制度，也就意味着这是一种更符合生存的时间制度。作为岁首的正月，往往处在立春、雨水两个节气，此时万物兴发萌动、天地生意开启。较之以十一月为岁首的周历和以十二月为岁首的商历，夏历的优点可能在于，以正月更直观地突出天地的生生之德，也提示人在此时实现这一生生之德最为恰当。天地在正月生成万物。农耕在正月启动，以天时为根据，人就可以凭借对时间的掌握来参赞化育。授时作为一种国家制度，既分享了法天时的知识理性，也为受此影响的文化圈带来了实际的利益。不同的政治单位因共享了统一的时间制度而不断融合，围绕着时间的文化建构

（礼仪祭祀等）则进一步巩固了政治共同体的凝聚力。

二、文化传统对国家形态的塑造

文化传统对于国家形态的塑造、大规模政治文明体的延续也起着重要作用。

如果对孔子、孟子以及《礼记》中关于三代的叙述进行考察，可以看到"儒家对三代的认识大多以礼为主体内容。……三代之所以为一个整体，其根本在礼。儒家认为，三代前后相承的是礼，是礼把三代连接为一个历史文化整体。这是儒家关于三代的基本看法，也是最有意义的思想"[1]。礼把三代连接为一个历史文化整体，它涉及典章制度、社会风俗、心灵秩序，这意味着三代的文化传统较之三代的政治形态具有更强的稳定性。"礼"的核心是政教秩序，这又使得后世追迹三代的理想总要落实在国家形态的塑造上。三代的理想，就是确立起以礼为原则的道德秩序，开创出指向天下国家的文明政治。三代的文化传统为后世的大规模文明体的重建、维持提供了思路。由于三代具有的典范性意义，后世的政治创制在对三代理想的实现中，自然形成了一种继承意

---

[1] 刘丰：《制造"三代"——儒家"三代"历史观的形成及近代命运》，载《现代哲学》2020年第3期，第142页。

识。故后世的政治创制虽不尽相同，但对大规模文明体的追求当是一个共同的特征。

在三代，政治传统和文化传统是合一的，即政统与道统是合一的。一些学者认为三代以后，道统、政统的相互分离、相互作用贯穿于中国的历史进程。三代之礼在后世成了经典文献、思想学术等形态，如何运用三代之礼中包含的三代之道来规范政治，就成了后世学者的努力方向。以朱熹为典型的学者，认为"中国"之所以为"中国"的原理中包含着道统和正统两条线索，"贯通天下及其历史的'道'变成了'道统'和'正统'双线，二者理一而分殊"[1]。朱子在南宋的偏安之局中构建出了一套以道统、正统双线整合天下、整合中国文明的思想体系。而道统的核心即是三代以降圣贤相传之道。

一般将韩愈的《原道》视为道统论的滥觞："尧以是传之舜，舜以是传之禹，禹以是传之汤，汤以是传之文、武、周公，文、武、周公传之孔子，孔子传之孟轲。轲之死，不得其传焉。"（《韩愈文集汇校笺注》卷一）以道相传的历史叙事在《论语·尧曰》中也有原型：

尧曰："咨！尔舜！天之历数在尔躬。允执其中。四

---

[1] 江湄：《正统论：中国文明的一个关键概念》，载《开放时代》2021年第1期，第63页。

海困穷，天禄永终。"舜亦以命禹。曰："予小子履，敢用玄牡，敢昭告于皇皇后帝：有罪不敢赦。帝臣不蔽，简在帝心。朕躬有罪，无以万方；万方有罪，罪在朕躬。"

此即伪古文《尚书》"人心惟危，道心惟微，惟精惟一，允执厥中"之所本。《孟子》卒章说："由尧、舜至于汤，五百有余岁，若禹、皋陶，则见而知之；若汤，则闻而知之。由汤至于文王，五百有余岁，若伊尹、莱朱则见而知之；若文王，则闻而知之。由文王至于孔子，五百有余岁，若太公望、散宜生，则见而知之；若孔子，则闻而知之。由孔子而来至于今，百有余岁，去圣人之世，若此其未远也；近圣人之居，若此其甚也，然而无有乎尔，则亦无有乎尔。"在孟子对尧、舜、禹、汤、文王、孔子的道统谱系的梳理中，也有一种接续精神的贯穿，凸显了孟子接续道统的强烈自觉。这种"传之有在"的主体意识与"俟后圣于无穷"（《四书章句集注·孟子集注》卷十四）的历史期待，正是中华文化能够生生不绝的原因所在。

程颐在《明道先生墓表》中说："周公没，圣人之道不行；孟轲死，圣人之学不传。道不行，百世无善治；学不传，千载无真儒。无善治，士犹得以明夫善治之道，以淑诸人，以传诸后；无真儒，天下贸贸焉莫知所之，人欲肆而天理灭矣。

先生生千四百年之后，得不传之学于遗经，志将以斯道觉斯民。……先生出，倡圣学以示人，辨异端，辟邪说，开历古之沉迷，圣人之道得先生而后明，为功大矣。"（《二程集·河南程氏文集》卷十一）彼时在佛教冲击之下，士大夫"治其心而外天下国家，灭其天常，子焉而不父其父，臣焉而不君其君，民焉而不事其事"（《韩愈文集汇校笺注》卷一），严重危及政治秩序的存续。理学的兴起，要解决的就是因政教传统的失落而出现的修身与治国平天下不一、言行不一、内外不一的状况。出现这些状况的根源在于哲学上的体用不一、道器不一，所以理学家以理气一本、万物一体为价值引领，重新肯定世界的真实无妄，肯定政治秩序合于天理，为中国价值奠定了新的哲学根基，实现了哲学的突破，激活了中华文明的生机，打开了中华民族的新局面。

文化传统与国家形态之间的互动关系，还可以借助"经史传统"进行分析。三代历史被经典化，使得三代的政教理想具有了导引未来历史的可能。未来的历史也总是以三代为典范来导正自身的方向，从而将三代的理想落实在实践之中。经典与历史不断交互作用，使得经典在实践中产生了新的意义，经典的生命得到了延续。历史则在经典的指引下，试图再现三代那样的具有典范意义的国家形态。大规模政治体的建立、保存和延续成为其努力的方向。

赵汀阳认为："3000年来主导中国旋涡的是一个以'变在'（becoming）为存在方法论的文明。方法就是天命。变在拒绝固守本质，而以方法为本，因而可以接受各种异质。本质意味着永远不变的自身同一性（identity），是一个将异己性排斥在外的划界概念（delimitation）。执守自身同一性的本质虽可不失本色，却未必能够长久存在，反之，变在之存在并不划界以守护自身同一性，也就不会拒绝本质的变化，故能卷入一切异己而化为一体，所以中国才得以长存。……变在的方法论也促成了经史为一、经史互证的中国精神世界。以史为经，史不绝则经可续；以经开史，经循道而史作实。"[1] 经、史的持续互动，以及在各自体系内的自我更新，让中华文化、中国历史具有了连绵不绝的运作逻辑。故历史虽时有剧烈变动，但作为其存在载体的文明则是绵延不断的。支撑文明绵延不绝的是天道，中华文明的展开，就是以国家形态推动天道落实和更化的过程。经史传统则体现了大规模政治文明体运行的思想逻辑。

前文引忽必烈《建国号诏》中"兹大冶流形于庶品，孰名资始之功；予一人底宁于万邦，尤切体仁之要"一句，体现了以《周易》为代表的文化传统对国家理念的塑造。《建

---

[1] 赵汀阳：《惠此中国：作为一个神性概念的中国》，北京：中信出版社，2016年，第138页。

国号诏》事实上是借助《周易》"品物流形"来讲元朝的创制，其内在是有一个宇宙论支撑的，这就是以《周易》中天道的"资始之功"为政治展开的宇宙论背景，同时以《周易》"万国咸宁"来讲元朝"宁于万邦"的具体政治实践。忽必烈称"孰名资始之功"，是将资始之功归于天，而将"万国咸宁""体仁长人"归之于元朝。"体仁"指的是对于天道的元德的效法、落实。在忽必烈的政治宣言里，将元德落实为体仁的具体实践的理解，实际是将宋代理学的宇宙论运用于政治话语中。

当我们将视线转移到《周易》文本，可以看到忽必烈取国号为"大元"，就是由中华文化在唐宋时期的演变发展促成的。孔颖达对"大哉乾元"的解释为："阳气昊大，乾体广远，又以元大始生万物。"（《周易正义》卷一）"大元"的取义，包含了与天一般广大的空间意味，同时又强调"始生万物"的爱民之义，要求统治者拟天而措置政治。从《周易》解释史来看，对《乾卦·彖传》中"大哉乾元"尤其是"元"的重视，应该发生于唐宋之际。王弼对"乾元"并不重视，这一点已经被朱熹注意到。《朱子语类》："问：'乾元统天，《注》作："健者，能用形者也。"恐说得是否？'曰：'也是。然只是说得乾健，不见得是乾元。盖云"大哉乾元！万物资始，乃统天"，则大意主在"元"字上。'"（《朱子语类》卷六十八）"乾元统天"，王弼注曰："天也者，形之名也。健也者，用形者也。夫形也者，物之累也。有天之形而能永保无亏，为物之首，统之者岂非至健哉。"(《王弼集校释·周易注·乾》)在王弼看来，乾元统天指的是乾统有形体规定性的天，元的意义隐没不见了。但在孔颖达看来，《周易》经传中乾单独出现或与元配合出现均有不同所指，需要进行明确区分。其意图在于凸显乾、元联结的意义。乾元的意义被孔颖达、周敦颐、二程等唐宋时期的学者重视。唐宋时期，乾元这一概念参与到政治文化的建构之中，就与其在易学解释中得到重视有关。[1]《周易程氏传》中出现了著名的"四德之元，犹五常之仁，偏言则一事，专言则包四者"的说法，认为仁义礼智信和元亨利贞具有一种相似的结构，如同仁能够统摄义礼智信一样，元也能够统摄亨利贞。元亨利贞原本指的是天道运行的四个节奏，是天道始生万物、使物性和谐、使万物各有其利、使物坚固贞正得终的过程；仁义礼智信则是人的道德伦理。但在理学家看来，"元"与"仁"的意义能够相互贯通，"元"是天道生生之仁，具有道德意味；"仁"是人道上生成万物的天地之心。这样仁义礼智信就不仅仅是一种道德伦理，还是天地之德，是天地措置万物的肯

---

[1] 唐太宗时诏修乾元殿，未果。高宗麟德二年（665）乾元殿建成。该殿具有重要的政治功能和象征意义。垂拱四年（688），武则天毁乾元殿而建明堂，被刘友益视为"坚冰之坤，以阴代阳，乾之之号，非其意明矣"。参见张一兵《乾元殿考》，载《中国文物学会传统建筑园林委员会第十五届学术讨论会会议文件》，2004年，第134—143页。

定与否定之倾向。由此"元"与"仁"被关联起来，成为两组贯通于宇宙论与价值论的概念。宇宙论意义上的"元"与价值论意义上的"仁"通过生意而建立起关联。天道之元彰示的生理在具体存有上的实现即为仁。所以忽必烈取名"大元"，体现的是效法天道而"体仁"爱民的理学观念，同时又在国家符号上展示了一种至大无外的天下观，一种统合天人、贯通宇宙论与道德论的文明观。这是在总结以往历史的前提下将天道运行的历史转化为一种新的政治观，试图以新的政治意义的开创，将中华民族带入新的文明境界。

中华文化传统孕育了追求文化的连续性的诸种形态，如：注重著书立说，"成一家之言"，追求文化生命的延续；注重通过崇德尚义、表彰先进的方式，强调道德生命的连续性。这都是以重视文化传承、重视历史的方式，守先待后、继往开来，在包容历史性的当世当时的努力之中成为历史上不可或缺的一环。将历史纳入自身的同时，也将自身化入历史。因为历史是抽刀断水水更流的连续，所以将自身化入历史，也就是将有限的生命汇入无限的时间洪流之中，让个体的文化生命在历史的大方向、大潮流中获得意义。

第四节　国家观与爱国主义

一、中西国家观的不同

黑格尔在《法哲学原理》中将西方对国家的理解区分为两种类型："或者从实体性出发，或者原子式地进行探讨，即以单个的人为基础而逐渐提高。"[1] 前者是以柏拉图为代表的实体性国家观，后者则是以霍布斯、洛克为代表的自由权利国家观以及以康德、卢梭为代表的普遍意志国家观。柏拉图实体国家的本质是："实践所赖以实施的制度性生活秩序总体和必然条件。因为政治共同体提供了一种好生活的空间，是人实践的一种制度性校准，只有依靠政治共同体，人才能实现其自然，不再超出自己，也不再缺乏，而这就是希腊人所谓的自足生活。"[2] 在这种强调必然性的实体国家中，个体自由被忽视了，个体基于整体主义原则而从属于国家。霍布斯、洛克将国家的原则诉诸抽象法权，康德、卢梭则诉诸内

---

[1] （德）黑格尔：《法哲学原理》，范扬、张企泰译，北京：商务印书馆，1961年，第173页。
[2] 黄钰洲：《从实践的共同体到自由的现实——黑格尔对柏拉图式国家的批判》，载《中国社会科学院大学学报》2022年第3期，第36页。

在道德自由。在黑格尔看来这都不是真正的由意志自由产生的国家,他认为"只有在一个伦理共同体,尤其是在作为其最高形式的国家之中,个体的自由意志才能得到最终的实现"。在黑格尔那里,国家是"个体独立性和普遍实体性在其中完成巨大统一的那种伦理和精神"。黑格尔把现代国家说成是"地上的上帝"或绝对精神在地上的实现。[1] 国家对于家庭和市民社会来说不仅是一种"外在的必然性",同时也是一种"内在的目的"。所以黑格尔认为"国家的力量在于它的普遍的最终目的和个人的特殊利益的统一,即个人对国家尽多少义务,同时也就享有多少权利"[2]。

马克思在《黑格尔法哲学批判》中提出,黑格尔的国家观中的理想性与现实不符。黑格尔的实体性国家观是将"理念变成了独立的主体,而家庭和市民社会对国家的现实关系变成了理念所具有的想象的内部活动"[3]。在马克思看来这是本末倒置的。不能从外在寻找一个根据并将其视为人的根本。人民创造国家的过程并不依赖于抽象的绝对精神的推动。

西方近代主体形而上学"对于现实世界总是持有一种执念,当现实发生变化的时候,当现实与理念或范畴不相符的

---

[1] 参见吴增定:《利益权衡还是道德意志?——从黑格尔的角度反思近代社会契约理论》,载《云南大学学报(社会科学版)》2018年第5期,第5—11页。
[2] (德)黑格尔:《法哲学原理》,范扬、张企泰译,北京:商务印书馆,1961年,第261页。
[3] 《马克思恩格斯全集》(第一卷),北京:人民出版社,1956年,第250页。

时候，就总是认为现实错了，而从不检讨理念或范畴是否存在问题"。而这种形而上学的态度，"一方面是主体形而上学，是观念论的问题，是本体与现象二分的结果，另一方面也深深地扎根于希腊形而上学的根源当中，扎根于形式与质料、感性与超感性二分的哲学传统当中"[1]。这意味着，马克思对西方近代哲学传统的革命，就是要将抽象实体与人的颠倒的关系反正过来。这在根本上与中国文化的非形而上学旨趣相契合，故马克思主义与中华文化在对群体、个人关系的认识上的一致性，应是马克思主义能在中国生根的重要原因。

自然法理论是西方现代政治传统的根基，自我保存是自然法理论中的一个基本逻辑。自我保存是以自我主体的确立以及由此产生的自爱为基础的，一个人首先应学会自爱，才能爱人。[2] 但在中华文化中，群体性生存固然源于一种自然的欲求，不可否认有从利于自我保存的角度进行考虑的因素，但又不能以自我保存作为结成群体的最重要动因。中华文化认为，人在自我保存以外，尚有在群体之中自我实现的维度，人的主动性能够创造出超越个体自我保存的文明形态。《荀子·王制》说："力不若牛，走不若马，而牛马为用，何也？曰：人能群，彼不能群也。"人有异于其他动物的"群"之能力，

---

[1] 张志强：《经史传统与哲学社会科学》，载《开放时代》2022年第1期，第63页。
[2] 参见李猛：《自然社会》，北京：生活·读书·新知三联书店，2016年，第81页。

这里的"群"并不仅仅指在相互依赖中实现自我保存,因为动物也会成群生活以延续种群。荀子要强调的是人类具有在维持整体和谐基础上安顿个体、创造出群体性文明的组织能力,而这才是人区别于禽兽的本质。

中华文明的国家观指向的不是城邦国家,也不是古代、近代的征服帝国形态,更不是西方基于自然权利理论形成的契约国家。中国传统的国家指向的是大群一体的天下共同体秩序。礼乐教化为传统社会提供了十分稳固的根基。"礼以别异",礼为大群一体中每个个体确立了不同的分位;"乐以和同",个体性原则并不意味着自我与他者的隔断,而是在心同理同的前提下,通过礼乐教化,在分位秩序之中始终保持一体的关联感通,由此构筑起一个稳定的共同体。牟发松认为:"作为社会基本组织纽带的血缘关系及其相应的名教规范,则有如一组神秘的基因密码,社群和国家既赖之以维系和修复,国家覆亡之际亦赖之以重建或再生。"[1]血缘纽带和名教规范是古代社会最为稳固的社会凝结方式。这套文化传统具有很强的延续能力,即使在国家形态崩溃之际,依然起着强劲的社会凝聚作用,保证着个体的生存、家庭的存续。在国家不复存在之时,家庭和文化传统仍不断培育新生的力

---

[1] 牟发松:《社会与国家关系视野下的汉唐历史变迁》,上海:华东师范大学出版社,2006年,第6页。

量，不断为后世孕育出新的统一秩序。

中华文化重视群体社会对于自我保存的价值，但并不主张将群体贬降为自我保存的工具，而更倾向于将群体视为自我实现的一个方向，强调人在意识到群体性生存的价值之后，将主动性定位在超越于自我保存的广阔的民族、国家、天下的维度上。"人存在的意义"这一问题，被确立为思考如何维持群体生生不息的动力。群体一定程度上成了个体的目的所在，有时甚至是自我实现的最高目标。这种重视从自我实现来理解个体与群体关系的思路陶铸了中华民族的此世性格，也培养了为万世开太平的历史担当。

二、爱国主义

中国人民是具有伟大团结精神的人民。在漫长的历史进程中，中华民族以自强不息的决心和意志共同面对洪水、干旱等天灾。治理水患、修筑水利工程、分配自然资源的协同意识促使大规模政治体得以产生，团结合作的政治经济组织方式深刻影响着中华文明多元一体格局的形成和发展，使得"大一统"始终是中国政治形态的主流。"大一统"的政治文明构筑起守望相助的中华民族大家庭。天下为公、讲信修睦、亲仁善邻等彰显着团结意识的智慧结晶至今依然为中国特色社会主义事业提供源源不断的精神动力和道德滋养。

"精忠报国""天下兴亡，匹夫有责""苟利国家生死以，岂因祸福避趋之""为中华之崛起而读书"等爱国行为和精神始终影响着中华儿女，激励着中华儿女为国家、民族奋斗牺牲，由此形成了一个赓续不绝的精神谱系。中华民族的爱国主义与大规模政治文明体的政治形态相关，也与家国天下的观念密不可分。

根据陈来的研究，中华民族的爱国主义精神的历史形成过程大致可分为四个阶段。先秦为第一阶段，中华民族爱国主义精神在此时初步形成。宗法封建制国家具有家国同构、家国一体的性质，由此催生了家国一体的意识观念，故"邦"与"家"往往不分而统称"家邦"，《诗经》中的"保其家邦"（《诗经·小雅·瞻彼洛矣》）也突出体现了这一时期保卫政治共同体的要求。因此，可以说，"保族""合族""保其家邦"是中华民族爱国主义精神起源时期的观念表达。汉至唐为第二阶段，这个时期，"爱国"的观念开始大量出现，标志着中华民族爱国主义的确定形成。汉代爱国思想与先秦相比，最大的变化是，"国"不再是诸侯国的国，而成为统一的中国。宋至清为第三阶段，这一时期爱国情感和意识得到了进一步发展与弘扬，因此宋至清是爱国主义精神的成熟和发展期，爱国也越来越成为对一般人更高的道德要求。晚清、近代为第四阶段,近代以来爱国主义精神进入了一个崭新的时期。这一时期以独立自强、民族复兴为主题,迎来了中华民族爱国主义精神发扬、升华的新的历史时代。这个时期对"国"的理解也接近于近代对民族国家的理解,即领土、人民、主权的复合。维护主权统一和领土完整成为爱国主义的明确内容。这是中国人民在同帝国主义殖民列强的斗争中所加深的对国家的理解。[1] 爱国主义是保证中华文明连绵不绝的精神源泉,是中华民族始终凝聚不散,以大规模文明体发展至今的重要支撑。

---

1 参见陈来:《论中华民族爱国主义的精神》,载《哲学研究》2019年第10期,第11—19页。

灭人之国，必先去其史；隳人之枋，败人之纲纪，必先去其史；绝人之材，湮塞人之教，必先去其史；夷人之祖宗，必先去其史。

——（清）龚自珍

第三章
天下：文明不可断的信念根基

恩格斯揭示了国家与社会的关系："国家绝不是从外部强加于社会的一种力量。国家也不像黑格尔所断言的是'伦理观念的现实'，'理性的形象和现实'。确切地说，国家是社会在一定发展阶段上的产物；国家是承认：这个社会陷入了不可解决的自我矛盾，分裂为不可调和的对立面而又无力摆脱这些对立面。而为了使这些对立面，这些经济利益互相冲突的阶级，不致在无谓的斗争中把自己和社会消灭，就需要有一种表面上凌驾于社会之上的力量，这种力量应当缓和冲突，把冲突保持在'秩序'的范围以内；这种从社会中产生但又自居于社会之上并且日益同社会相异化的力量，就是国家。"[1] 社会孕育了国家，国家又是处理社会矛盾所必要

---

[1] 《马克思恩格斯全集》（第二十八卷），北京：人民出版社，2018年，第198—199页。

的人为创制。从这个意义上说,社会具有更自然、更原生的性质,社会原本是一个自在的人类系统。《大学》曰:"所谓平天下在治其国者:上老老而民兴孝,上长长而民兴弟,上恤孤而民不倍,是以君子有絜矩之道也。"上老老、上长长、上恤孤是国家行为,民兴孝、民兴弟、民不倍则是民众在国家举措的影响下的自发行为,也就是一种社会性的行为。在古人看来,以国家举措施之于社会而达到的良善风俗,就是"平天下"。所以天下、社会在概念上具有相似性和重合性。古代中国是一个有天下视野、以天下为结构的国家。天下是至大无外的空间,意味着它是超越任何一个家庭、族群、集团的生生相续的最大整体。在古代,当国家统一、政治有序之时,"国家"与"天下"概念基本重合,家国天下浑融为一。国家通过政治举措达到平天下的目的,平天下意味着社会的长期稳定、和谐发展。

"社"原本与具体地域中祭祀土地神的活动有关。"先秦的里社原是农村公社组织,当时村社通称邑、里,所奉祀的保护神为社神(土神),奉祀社神的地方称为'社',其标识通常是一株大树或者丛木,或封土为坛,甚或修建围墙、祠屋,每年春、秋或岁终举行隆重的社祭,邑里全体居民,无分贫富都要参加,宴饮赛神,以祈丰年,这就是所谓'社会'。"[1]根据金景芳的研究,在从氏族组织变为地域组织的过程中,因为统治范围的扩大,光有宗庙这一联系工具显然已经不够,因为宗庙所能联系的仅限于有血缘关系的人,所以要用"社稷"这个新的、合用的联系工具。土地神、谷神作为同一地域的共同信仰,可以将地域组织连为一体。而当众多的地域组织联合起来,则旧有的联系工具又嫌不够了。因为社稷还有地域性的限制,此时先民又发现了"天"这个新的、合用的工具。[2]所以天、社稷、宗族都是联系群体的枢纽。而天下是超越于任何具体的族群或集团的最大的存在整体。

中国古代特殊的地理环境,很容易引发"溥天之下,莫非王土"(《诗经·小雅·北山》)的空间观以及在政治上的统一实践。在国家高度统一的情况下,天下与国家之间体现了一种高度协调的关系,国家的治理能够促进社会的健康发展,社会的健康发展又夯实了国家的根基。如牟发松所说:"社会与国家关系和谐之日,往往是社会稳定、国家强盛之时。远古的三代特别是西周,之所以为后世歆羡赞颂不已,实因彼时社会组织结构及其原理与国家组织结构及其原理,社会

---

[1] 牟发松:《汉唐历史变迁中的社会与国家》,上海:上海人民出版社,2011年,第146页。
[2] 参见金景芳:《论宗法制度》,载《吉林大学社会科学学报》1956年第2期,第203—222页。

权威与政治权力,几乎完全合一,真正是家国一体,修身齐家与治国平天下的高度统一。"[1]而在政治秩序动荡、国家崩溃之时,国家与天下的分别就凸显出来了,彼时国家统合社会的能力较弱,社会的动荡危及群体的存续。在著名的亡国与亡天下之辨中,"改姓易号"这种政治秩序的变动,并不意味着天下的崩溃,只有人类系统无法存续时,才意味着社会将面临真正危机。保证天下的存续,要防止的就是以"邪说诬民"而导致的"仁义充塞,则率兽食人,人将相食"(《孟子·滕文公下》)的局面。当文明的秩序被打破时,人类群体的继续存在将遭到严重冲击。所以个体就要以天下的兴亡为己任,保证群体的生生相续。大群一体的世界观、文化生命的继承意识、穷变通久的通史精神都是维系整体生生相续的文明原理。对于文化传统的守护,就是以文明不可断的坚定信念守护着天下的生生不息。

---

[1] 牟发松:《社会与国家关系视野下的汉唐历史变迁》,上海:华东师范大学出版社,2006年,第6页。

第一节　大群一体：时间连续性中蕴含的最整全空间

一、大群一体观念的形成机制

中华文化对世界的变化特性有深刻的认识，认为唯一不变的恰恰在于变化本身。时间虽是不舍昼夜的连续，但人却只能经验到局部的时间，历史记忆也只是由一个个事件构成的。强调存在在时间中的连续，就意味着建立起一种将历史的片段时间化为整全的解释策略，也就是将不同个体所经验的局部时间纳入永无终始的时间整体之中，个体间的关联性、统一性由此建立起来。所以中华文化所理解的时间不是一种线性时间，而是一种以空间关联（或者说是事的关联）为内在结构的时间。人所构建起的时间的统一性就是以至大无外的天地宇宙为范围的，由时间观发展出的政治文化整合视域就指向无限的空间，更具体地说是天下。刘家和在讨论"通史"之"通"时认为："'通'字本来是指空间意义上的由此及彼，而空间上的往来不穷又是在时间里进行的，因而也就变成了时间上的连续不断。"[1] 我们也可以反过来说，因为最整全的

---

[1] 刘家和：《论通史》，载《史学史研究》2002年第4期，第5页。

连续性要内含天下所覆盖的所有存在者的时间，所以必然也关涉了所有存在者所占有的空间，最彻底的时间连续性必然蕴含了最整全的空间。对时空关系的理解是中华文明重视政治的一统形态的思想基础，中华文明的宇宙观是中华政治传统强调统一性的思想基础，其中内含了时间的一统和空间的一统。

天下是时间与空间的统一整体，这一整体也是群体的历史性存在过程。而群体是如何成为内在的一体的？中华文明对于群体具有独特的理解。《周易·系辞》开篇所揭示的世界秩序涉及"群"的内涵：

> 天尊地卑，乾坤定矣。卑高以陈，贵贱位矣。动静有常，刚柔断矣。方以类聚，物以群分，吉凶生矣。

首先，"群"是个体基于其规定性而进行联结的方式，这一过程以自然为原则，是由万物的本然倾向所造成的，即所谓"观其所聚，而天地万物之情可见矣"（《周易·萃卦·象传》）。其次，世界是以"群""类"的方式实现其分化，构成"群""类"的过程就是秩序展开的过程，在"群""类"基础上的"吉凶"则是万物活动变化、相互影响的结果。由此可以看到，群体是万物自然形成的存在状态，构成了存在的基本境遇，又是世界产生分化的原因。再次，由"群""类"导向的吉凶，其深层原因在于：个体与此相合则意味着与彼相分，"爱恶相攻而吉凶生"（《周易·系辞》）。对立的此群体与彼群体，以及一个群体中的对立个体在相合相分的秩序中相互作用，产生了不同的结果。此结果又构成了"类""群"相分的基础，导向下一阶段的吉凶，在"类""群"所组建的联结形式中，丰富的差异不断产生。最后，"群"是政治形态得以出现的前提，基于自然之群体而组建国家这种政治形式。因此国家的基本要求在于"能群"，即将共同体中的每一个体进行恰当的安顿。如《荀子·王制》所说："君者，善群也。群道当则万物皆得其宜，六畜皆得其长，群生皆得其命。"

因为任何一个个体都是有限的，生命的终结是不可逃避的宿命，而群体的延续时间往往比个体要久，所以群体中的个人一方面受到群体的庇护，同时又要努力让群体能够长期延续，以此为个体的继续存在提供稳定的社会基础。但群体始终处于消亡的危险之中（比如征伐、叛乱、天灾、瘟疫等），所以必须探寻出让群体能够长期持续的方案。古代主要从群体内部和外部两方面进行努力。

从群体内部而言，强调以"类"相合，"类"就是"群"的原则；又强调以"分"相分，"分"不仅可以理解为形成群体时与其他群体构成分别，同时也指群体内部恰当的"分位"。在荀子看来"分"是人类独有的能力，是较之禽兽"能群"的重要原因。"分"具有"救患除祸""强力胜物"的潜力，是保证群体长期延续的途径。《荀子·富国》："离居不相待则穷，群而无分则争。穷者患也，争者祸也。救患除祸，则莫若明分使群矣。"离群索居、群而无分都不利于个体或集体的保存，所以只有"明分使群"才能定分止争、维持群体的团结和睦。尤其是国家形态这种高等级的群体性生活更是在人的"分"的能力中得到实现的。《荀子·王制》还说："人何以能群？曰：分。分何以能行？曰：以义故。义以分则和，和则一，一则多力，多力则强，强则胜物。"强调通过礼义来实现关系的协调，在关系的协调中达到群体的和谐。群体的和谐则意味着能够产生共同的认识，有共同的认识则意味着力量的集中和统一。共同体内部实现团结统一，才能最大程度地调动集体的力量克服共同的困境。能最大程度调动群体积极性的人，就具有了最高的合法性。

从群体外部而言，要想让本群体得到长期延续，就要处理与其他群体的关系。武力征服是一种成本较高的方式，最佳策略是化敌为友，建立起一种共在的和谐秩序，也就是采用"文化"而非"武化"的方式。赵汀阳将中国文化中的合作—冲突机制意识进行如是总结："合作并非是在冲突之后才出现的人际关系，而是与冲突同时并存的人际关系，甚至是先于冲突的人际关系。"[1]可见群体性生存往往先于冲突，是冲突发生的原因，并不是由冲突而导向群体性合作、契约国家，或者说至少群体与冲突是同时并存的。尤其是在中国这一广阔的地理空间中，游牧区与农耕区之间具有一种依赖、互补的关系，选择合作、共在的关系，对于两个区域的百姓都是理性的生存策略。通过经济交流、民心沟通，游牧族群被中华文化吸引，逐渐探索出了以"文化""文治"的方式处理与其他群体的关系的模式。

"文化"这一说法最早出现于《周易·贲卦·彖传》中："刚柔交错，天文也。文明以止，人文也。观乎天文，以察时变；观乎人文，以化成天下。"王弼说："止物不以威武而以文明，人之文也。"（《王弼集校释·周易注·贲》）天地是在不易察觉的时变中处置万物的，所以刚柔交错的天文表现的是一种改造世界、变化万物的柔性力量。所以人文也意味着是以非武力的方式"化成天下"。孔颖达说："用此文明之道，裁止于人。……圣人用之以治于物也。……圣人观察人文，则《诗》《书》《礼》《乐》之谓，当法此教而'化成天下'也。"（《宋本周易注疏》卷四）圣人是通过六经这种文化经典的教育，实现其政治目的的。这就使中华文化倾向于从柔性的

---

[1] 赵汀阳：《荀子的初始状态理论》，载《社会科学战线》2007年第5期，第10页。

吸引力系统的构建——远人不服则修文德以来之——达成一种一体共在的关系,而不是通过武力向外的征服而达到控制、占有。所以"文明以止"就是以柔性的方式凝聚人心、裁止事物。

天下意味着覆盖了所有的存在,这些存在构成了一个相互协调、相互补充的有机整体。从这个意义上说,天下事实上就是一个无所不包、至大无外的"大群"。这个"大群"超越了任何一个个别的群体,超越了任何一个利益集团。《吕氏春秋·去私》:"天无私覆也,地无私载也,日月无私烛也,四时无私行也。行其德而万物得遂长焉。"天地是至大无外的,所以天地只有内,所有存在都是内在的一体。当人在效法天道时,就要秉持廓然大公之心,超越一己之私,超越任何一个个别的群体,超越任何一个利益集团,像天一样安顿所有存在者。中华文化强调不能以自我为中心来宰制他者,而是要克服以自我为中心而达到万物一体、自他一体、以他人为重。程颢说:"仁者以天地万物为一体,莫非己也。认得为己,何所不至?若不有诸己,自不与己相干。"(《二程集·河南程氏遗书·二先生语二上》)他认为仁者将天地万物视为与自己共生共在的一个整体,他者并不外在于我。如果能切实地理解这点,主体的实践就会有一个普遍的指向;如果不能理解这点,就会麻木不仁,就会认为外物与我不相干。主体性要以感通能力为前提。基于对万物之间的关联、同情、共感的察知,中华文化强调万物可以被关联成一个整体。人要超越小我,以天地万物的全体作为大我。人的主动性体现在真切地感受到他者的存在,这也就意味着要感受到最广大的存在者的存在。这种主动性是一种最彻底、最根本的主动性,这种主动性体现的是一种道德的创造能力。如王阳明《大学问》说:"大人者,以天地万物为一体者也,其视天下犹一家,中国犹一人焉。"(《王文成公全书》卷二十六)将天下视为一家、一人,以家庭的逻辑来比拟个体与万物之间的关系,将所有的差异性理解为一个有机的整体的内在性,才能达到"一体之仁"。变化是恒常发生的,天地是生生不已的,当人领悟到了万物一体之意,就要发挥自己的主动性,去"随时变易以从道"(《二程集·河南程氏文集·易传序》),参与到天地生成万物的过程中,其重要内容就在于以创造性实践保持人类族群的生生不息。

二、整体与个体

大群一体是四海一家、万物一体、"中国一人"的另一种表述。天下意味着至大无外、大群一体的统一性秩序。以无外的原则来处理与他者之间的关系,能够安顿最广大的人群，这正是集体的意义所在。孔子说："有国有家者，不患寡而患不均，不患贫而患不安。盖均无贫，和无寡，安无倾。夫如是，故远人不服，则修文德以来之。既来之，则安之。"（《论语·季氏》）理想的政治统合方式，是通过内在德性的彰显来达到吸引和凝聚的效果。

中华文化理解整体与个体关系时，采取的是"和而不同"的原则，强调以"和"而不是"同"来看待世界的差异性。这可从两个角度理解：个体之间的差异是世界的真实面貌，"物之不齐，物之情也"，不能以表面的"同"来抹平整体内部的差异；同时个体之间的差异并不是冲突的根源，差异和对立最终朝向的是整体的"和"。

个体不能相互独立、与他者隔断，势必就要在整体中定位自身，只有充分照顾到最为普遍的个体，整体才能有效运转。和谐的社会追求使得传统中国以较低的政治治理成本、较高的治理效率实现了对广土众民的统治，大群之有机体中各部分不仅不是相互对立的，还是相互关联、相互协作的，这种关联协作的关系是有机体保证持久运行的关键。

贯穿中国哲学的公私之辨、义利之辨、理欲之辨，其旨趣都在于处理整体与个体的关系。程颐说："公则一，私则万殊。至当归一，精义无二。人心不同如面，只是私心。"（《二程集·河南程氏遗书·入关语录》）"公"是使万物成为一个整体的前提,"私"代表的是差别性,也是个体性,以个体性为根本则会导致矛盾、冲突。所以根本的道理是具有共同性的,是"一",而非杂多、乖违之"二"。人心就像容貌一样千差万别。人心之不同,其实都可归因于各自有私心。儒家、道家都将"公"视为一种重要的价值,"公"意味着要破除狭隘的个人主义,真正建立起与他者的整体性关联,这是中华文化重视集体主义的原因所在。对"公"的追求,塑造了中华文明突出的统一性。所以协调一致、统一不散不仅是一种政治形式,更是一种道德抉择。统一为公正的秩序提供了政治保障,公正则为统一提供了道义基础。程颐说:"只为公,则物我兼照,故仁,所以能恕,所以能爱,恕则仁之施,爱则仁之用也。"(《二程集·河南程氏遗书·入关语录》)能做到"公",就不仅能深切地体认到自己,还能够深切地理解他人,因此能实现"仁"。由此出发,才能"恕",才能"爱"。"爱"就是仁的具体行动,"恕"则是这种行动在更大范围内的推扩。"仁""爱""恕"是以"公"为出发点的。以集体为目的体现了"公"的价值面向,所以"以公言仁"与"万物一体之仁"具有内在关联。将"公"的原则贯穿在关联、同情、共感之中就是"仁"。但"公"不是现成的,"公"是一种有待实现的道德本性,所以必须发挥人的主动性,循公忘私、去私存公、"大其心",如此才能致公天下。张载说:"大其心则能体天下之物,物有未体,则心为有外。"(《张载集·正蒙》)发挥主动性、扩充心量,才能体察到天地万物的真实情况。如果没有这种体察,则意味着心还未超出感官知觉的狭小范围,就会把自己和世界理解为一种相互外在的关系。"无外"意味着一个实现世界内部化的问题:只有所有个体都具有兼容性和共在性,这样的世界才成为天下。在至大无外的整体之中,对主体的要求在于"大心",即破除"小我",在"民胞物与"的道德境界中,建立起"理一分殊"的伦理秩序。

性善论是中国古代人性论的主流,其中更完整的逻辑结构是"继善成性",确信人内在都有实现道德的根基("继之者善"),但因为个体的努力程度的差异而导致实现程度各有不同("成之者性")。所以现实的人性是在具体的努力之后呈现出的千差万别的面貌,这样的话就没有抽象的统一的人性。人只有发挥主动性使自身原本包含的可能性充分地实现出来,才能在现实处境中发展成不同的个性。由尽心知性而知天、由修身齐家治国而平天下,"天""天下"都指向了那个最大的整体。如何以天下秩序来安顿所有存在者,成为中华文化的群体观的重要课题。中华文化中"爱有差等""爱无差等"所代表的两种理解个体与群体关系的思想交涉贯穿于先秦至宋明时期。其实质是有限的人如何处理与一体感之间的张力，最终形成了一方面强调"仁者与天地万物为一体"，一方面以秩序分位来安顿一体之中的不同存在者的意识。"仁"所代表的"公""一体"，以及"分位"所代表的一体之内的分别，奠定了中华文明理解个体与整体的基本思路。

中华文化还通过礼乐制度安顿整体与个体的关系。"礼以别异，乐以和同"，礼指向的是区别性的原则，乐则意味着和同一体的原则。《礼记·乐记》称"大乐与天地同和，大礼与天地同节"，人事的秩序与天地自然的节奏具有同一性。因为"天无私覆，地无私载，日月无私照"，天地的至大无外，也就意味着礼乐秩序要以在一体之中安顿最普遍的差异性为目的。能够安顿最普遍的差异性，也就能够维持整体的稳定性，能够保证整体的连续性发展。

阮籍《乐论》认为真正的乐不仅能"使人精神平和，衰气不入"，同时还指向"天地交泰，远物来集"。乐关乎天道、生机、和合，是对世界整体生生不息的生动呈现。相对于外在性的、别异的礼，乐以生命的内在性化导与安顿为方向，而这种内在的乐被提升到"天地之体，万物之性"的高度。乐的根源在于"乾坤易简""道德平淡"，通过乐实现的和乐状态指向的是"天地合其德则万物合其生"（《阮籍集校注·论·乐论》），天地一体之中万物生生不息的创造就是音乐的弹奏，所以乐指的就是一种生生不息的连续性。

嵇康《声无哀乐论》力主将声音与人的哀乐之情进行区分，在"心之与声，明为二物"这一前提下，认为声音以"平和为体""感物无常"，是一种自发的"太和"，而人的哀乐之情是"应感而发"，"有主于内，不为平和"。这种区分，意在突出太和之"乐"的世界。乐作为"应声"之具，以"自得"为主，与之相反的"哀"则是人情之"应感"，"以垂涕为故"，"垂涕则形动而可觉，自得则神合而无（忧）〔变〕"（《嵇康集校注》卷五）。哀乐之情与太和之乐分别指向形与神，哀乐之情只是动摇了外在的形体，体现为形体上的急剧变化，太和之乐则是内在性的"神合"，相对于外在的"形动"，太和之乐是内在的"自得"，因而是"无变"，是在天地一体之中，与天地无终穷的自得和乐。乐的这种内在性所指向的是天人在一体之中的交感：

> 古之王者，承天理物。……玄化潜通，天人交泰。……和心足于内，和气见于外；故歌以叙志，舞以宣情。然后文之以采章，照之以风雅，播之以八音，感之以太和；导其神气，养而就之；迎其情性，致而明之；使心与理相顺，（和）〔气〕与声相应。合乎会通，以济其美。故凯乐之情，见于金石；含弘光大，显于音声也。……

大道之隆，莫盛于兹，太平之业，莫显于此。(《嵇康集校注》卷五)

王者的承天理物是在心与理、气与声的和洽作用之中实现的，金石、音声所表征的是"含弘光大"的凯乐之情，应然的音乐形式表现的是在心与气的和洽交感关系中大道的完整展开。扬弃哀乐之情，是为了与太和之声音相感应（或者说由和心所发的和气与声音相会通），在音乐形式中达到"大道""太平"。这样的音乐形式就具有宇宙论意义上的生成万物之用："无声之乐，民之父母也。"(《嵇康集校注》卷五)这与阮籍所描述的乐是"天地之体"，"天地合其德则万物合其生"具有相似性。嵇、阮都将天地的一体、万物本性的自然实现理解为乐。《达庄论》说："天地生于自然，万物生于天地。自然者无外，故天地名焉；天地者有内，故万物生焉。"(《阮籍集校注·论·达庄论》)天地与万物具有同一的关系，在有内而无外的一体之中自然生生不息过程的和乐状态，就是音乐本身。

而在实然的情况下，哀乐之心"应感而发"，是无法以和心来感应声音的，因此就会丧失节度，所以圣人要以礼乐相须来扭转这种敝坏的风俗：

> 古人知情之不可放，故抑其所遁；知欲之不可绝，故因其所自。为可奉之礼，制可导之乐。……丝竹与俎豆并存，羽毛与揖让俱用，正言与和声同发。使将听是声也，必闻此言；将观是容也，必崇此礼。礼犹宾主升降，然后酬酢行焉。于是言语之节，声音之度，揖让之仪，动止之数，进退相须，共为一体。(《嵇康集校注》卷五)

圣人制作可奉之礼与可导之乐，是以礼乐的一体为导引，"诚动于言，心感于和，风俗一成"，回复到"有自然之和，而无系于人情"(《嵇康集校注》卷五)的声音的太和世界中。

因为声音是在一体的前提下产生的，"声俱一体之所出，何独当含哀乐之理也"，哀乐之情则强调分别，"喜怒哀乐，爱憎惭惧，凡此八者，生民所以接物传情，区别有属，而不可溢者也"(《嵇康集校注》卷五)，以礼乐相须回复到声音的太和世界，就是在扬弃哀乐之情所包含的"区别有属"后达致的在"一体"之中的自然和乐。所以"乐"一方面刻画了一体的存在状态，同时"一体"也是重视"礼乐"的原因所在。但尤其重视"乐"，指向的是在天人一体的和洽秩序中克服礼的差异原则所造成的整体的机械性，从而更好地安顿差异性。克服了整体的机械性，就意味着保证了整体的生机，也促成了整体的延续。安顿了差异性，则意味着差异性之间、差异性与整体性不至于失和，由此就为整体的长期延续提供了基础。

第二节 "与天时俱不息"：文化生命的内在动力

一、文化生命的主体意识

中华文化的主体性是在中华文明5000多年历史长河中不断被确立、不断被锻造的，主体性被自觉、开显、捍卫的过程也是中国人在各自历史困境中突围的过程。由历史经验所塑造的中国道理，指引着中华民族不"丧己于物"，不"失性于俗"，这种刚健不息、独立不倚的能动指向，为当代巩固文化主体性提供了源头活水。新时代对中华文明价值的高度重视，指向的是对中华文化主体性的深刻自觉。中华文化中"收拾精神，自作主宰"的主体意识为中国道路提供了自我抉择、自我超越的实践理性，中国道路的独立自主充分显示了中华文明既久且大、既深且远的智慧密码。

《周易·系辞》曰:"乐天知命,故不忧;安土敦乎仁,故能爱。"中国的农耕文明孕育了尊重自然、敬畏天地、敦行仁道、泛爱天下的文化价值。文化是生产生活方式的反映,传统中国的农耕区与游牧区在生活上的依附关系,也使得双方始终保持着一种相互吸引的态势。这种围绕着生活世界展开、以生存为动力的共在关系,与帝国征服的思路完全不同。

赵汀阳曾提出"旋涡模式"来说明中国在保持连续性、规模性时的内在化力量。这种内在化力量可以被理解为一种主体性,也就是说,大规模政治文明体的连续和扩大,是因为有一种内在的主体性力量在运作。汉字、思想系统、天下体系等精神资源所构筑的文化吸引力系统犹如一个"旋涡",中华文化的相关者因为抵抗不住中国旋涡的诱惑而前仆后继地加入"逐鹿中原"的竞争之中,这使得中国的规模逐步扩大,向心力随之增强,最后终于达到稳定,从而形成了一个广域的中国。[1] "旋涡模式"是从中心与边缘的空间结构着眼的,如果从纵向的时间来看,还可将中华文明比作一条静水深流的长河,它以突出的连续意图塑造出连绵不绝的历史形态。中华文明5000多年的历史一直保持着自成体系的发展方向,特殊的空间地理环境为文明的发展提供了稳定的河床。在这

---

[1] 参见赵汀阳:《惠此中国:作为一个神性概念的中国》,北京:中信出版社,2016年,第43页。

一倾向于统一、外来干扰相对较少的空间中,文明的统一性、体系性被不断塑造,湍流趋向平和,但也随之而深邃,在静水深流中蕴含着巨大的力量。这股强劲的主体性力量,是中华文明不被外来浪潮吞没的根本保证。

"旋涡模式"这套成熟的文化系统的突出特点就在于以不断吸引外部的方式——而非掠夺征服的方式——化敌为友、与他者融为一体,以此保持着自身与他者的连续性发展,其内在逻辑是以经、史之间的互动推动文化生命体不断创生。"一种文明的长存能力在于它自身具有一种难以解构而自足的'存在的秩序'(the order of being,沃格林用词),从而形成自足的历史性。一个自足的存在秩序必定来自一种自身生成的内在动力结构,而使其能够连续不断地运行。"[1] 中华文明的这种内在动力结构就是其主体性的高度体现。这种内在的主体性是保证中华文明能够自主、能动、有目的且连续地运行的前提。

"文明"一词本身就是生命力彰显的标识。"文明"最早见于《周易·乾卦·文言》:"'潜龙勿用',阳气潜藏。'见龙在田',天下文明。'终日乾乾',与时偕行。"王弼认为这里强调了一种"与天时俱不息"(《王弼集校释·周

---

[1] 赵汀阳:《惠此中国:作为一个神性概念的中国》,北京:中信出版社,2016年,第6—7页。

易注·乾》）的主动性，在天地生成万物过程中生命力迸发、展开、充分实现，人也要以一种主动态度来"与时偕行"。所以"我们也可以说文明就是文化生命体的生命实践，就是人文化成的生命成长的实践。用文化生命体的概念定义文明，意味着文明不仅仅是人对自然的改造，更是天地人的互动过程及其成果。文明中天地人三者缺一不可，天地人共同构成了'文明'，构成了'世界'。文明就是文化生命体生命实践的过程"[1]。由此可以说，中华文明所重视的连续性，就是以对待生命体的态度来守护文明的生命进程。因为人是文化生命体的一部分，如果文化生命体衰竭，人就无法从中获得滋养，也就必然走向衰竭。"通古今之变"也就是对文化生命体显现生机的进程的完整把握，这种把握体现了"究天人之际"的历史主动——以人的自强不息参赞天地的生生不息。

因为文化生命体意义上的文明是天地人构成的共同生命实践，所以个人就是承载着文明意义的个体，是文化的托命之身，是继承文明的主体。《论语·子罕》载："子畏于匡，曰：'文王既没，文不在兹乎？天之将丧斯文也，后死者不得与于斯文也；天之未丧斯文也，匡人其如予何？'"朱熹注："道

---

[1] 张志强：《深刻理解中华民族现代文明的丰富内涵》，载中国社会科学网：https://www.cssn.cn/ztzl/20da/cszhmzxdwm/202401/t20240103_5724253.shtml.

之显者谓之文,盖礼乐制度之谓。"(《四书章句集注·论语集注》卷五)因为天道不会断绝,所以人开显天地之德的文明实践也不会断绝。继承了文化的个体以文明不可断的坚定信念,传承着天地生生不息的精神,这种精神就是"以天下为己任"的高度的文化主体性。《荀子·王霸》:"故国者,世所以新者也,是惮惮,非变也,改玉改行也。故一朝之日也,一日之人也,然而厌焉有千岁之固,何也?曰:援夫千岁之信法以持之也,安与夫千岁之信士为之也。人无百岁之寿,而有千岁之信士,何也?曰:以夫千岁之法自持者,是乃千岁之信士矣。故与积礼义之君子为之则王,与端诚信全之士为之则霸,与权谋倾覆之人为之则亡。"荀子认为,国家的世代交替和更新,其实只是"惮惮",而不是"变",只是统治者更换,以及随之而来的佩玉、步伐等礼仪的改变。朝代的变化和人的生死何其迅速,但是这个世界上又有"千岁之固",这都是因为使用了可以维持千年历史的礼法,同时历史上不断出现遵守礼法的"信士"来守护着文明传统。人类个体没有一百年的寿命,但历史上却有一千年寿命的守卫礼法的士人群体。也就是说文明传统较之国家,是一种更长时段的存在。文明传统有待"信士"的守护。"信士"就是承载文化的生命体。"信士"的坚守,超越了一家一姓的王朝,是对文明生机的培本固元。

守护文化生命，需要极高的主体性自觉。要有"中心如自固，外物岂能迁"的坚定意志，要有"收拾精神，自作主宰"的主体能动，要有"自立自重，不可随人脚跟，学人言语"的独立意识，要有"用那心时，都在紧要上用"的专注热忱。"天向一中分造化，人于心上起经纶"，只有高扬人的主体性，将人心视为天地价值的展开，将人的经纶世务视为宇宙精神的实现进程，在天地人构成的完整生命共同体中，让人的操持、经营成为维护文化生命体生生不息的创造活动，才能为主动性的实现确立正确的方向，把自我实现的追求引导到一个最根本的方向——在此世的奋斗与承担。

对中华文明自成一系、独立发展特征的自觉，是在与其他文明体系的对比中发生的。近代以来面对外来文化的冲击，中国自然而然地产生了更强烈的文化主体意识。以中国哲学为例，20世纪30年代，冯友兰《中国哲学史》开篇即说："哲学本一西洋名词。今欲讲中国哲学史，其主要工作之一，即就中国历史上各种学问中，将其可以西洋所谓哲学名之者，选出而叙述之。"[1]这种在中国找到哲学的取向，事实上是中华文化主体性意识的体现，只是这种主体性意识要求根据一种"普遍哲学"的观念来看待世界各国的传统思想。中国哲学因为与典型的西方哲学不同，因此成为一种普遍哲学的次

---

[1] 冯友兰：《中国哲学史》，上海：华东师范大学出版社，2015年，第3页。

级形态、不纯粹形态。近代以来中国传统学术"哲学化"的过程，事实上是将中国传统外在为一个陌生的他者，重新开启认识中国传统的过程。数代学者经过艰苦的努力，一方面对西方哲学传统的理解不断加深，另一方面则在与西方的术语、思想框架的比较中重新理解中国的思想。随之出现了两个结论：西方哲学并不是一种"普遍哲学"；中国哲学具有不能被西方哲学所涵盖的独特取向。这种结论使我们逐渐放弃了"在中国找到哲学"的思路，转而专注于"中国的哲学"，这是中国人在近代以来的古今中西之争中逐渐明白的一个重要道理。

二、文化生命的动力来源

对变化的恒常性的强调，是中国宇宙观的突出特征。"在既有的中国哲学传统中，我们能找到的确定不疑的东西，不是笛卡尔式的我思，而是我们始终身处其中的变化。无论是《周易·系辞》中的'生生之谓易'、《庄子》的'夜半有力者负之而走'，还是张载的'浮沉升降''胜负屈伸'，强调的都是这种变化的恒常性。"[1]中华文明基于对变化的恒

---

[1] 杨立华：《一本与生生：理一元论纲要》，北京：生活·读书·新知三联书店，2018年，第1页。

常性的深刻理解，探索出一种应物变化的生存之道，培养出与时偕行的旺盛生命力。

恒常的变化不仅生成和肯定个体，也消解和否定个体。基于对世界的生生不息的深刻理解，中华文化确立了以"生"为代表的肯定生命意义的价值取向。《周易·系辞》："生生之谓易。"孔颖达疏："生生，不绝之辞。阴阳变转，后生次于前生，是万物恒生，谓之易也。前后之生，变化改易。生必有死，易主劝戒，奖人为善，故云生，不云死也。"（《宋本周易注疏》卷十）这一解释值得我们注意，万物的成毁源于阴阳二气的消长，后一个生意味着是对前一个生的否定，所以生之时也有死。但《周易》的立意不在于强调前一个生的消亡，不说"天地之大德曰死"，而是以"生"来强调每一个生命的开端，来肯定、赞赏这一开端。中华文化重视"生"，源于"奖人为善"的观念、万物生生不息的世界观，以及在人事上发扬一种积极有为、绵绵用力、久久为功的生存态度。

《周易》首卦即是乾卦，所要彰显的就是天道的乾健不息的旺盛生命力。孔颖达疏称："天以健为用者，运行不息，应化无穷，此天之自然之理，故圣人当法此自然之象而施人事，亦当应物成务，云为不已，终日乾乾，无时懈倦，所以因天象以教人事。"孔颖达从生生不息的肯定性角度来强调

"自然之理"，阳气消亡意味着阴气的生长，但并不强调阳气消亡、阴气生长为"自然之理"。之所以选择积极的、有生命力的"阳"来定义"自然之理"，是为了以生生不息的宇宙整体为个体的积极有为提供天道的根据。《乾卦·大象传》曰："天行健，君子以自强不息。"孔颖达疏："天以健为用者，运行不息，应化无穷，此天之自然之理，故圣人当法此自然之象而施人事。"（《宋本周易注疏》卷一）天道的运行不怠，意味着人事上也应该自强不息以符合天道、继承天道、体现天道。天道的自然运行体现的是自然之理，人的自强不息也是一种自然的规定性，积极奋斗、保持旺盛的生命力是人的分内职责。

《庄子·大宗师》有一个有趣的比喻："夫藏舟于壑，藏山于泽，谓之固矣。然而夜半有力者负之而走，昧者不知也。藏小大有宜，犹有所遁。若夫藏天下于天下而不得所遁，是恒物之大情也。"这是说，把舟藏在谷壑里，把山藏在深泽中，这看起来是一个很可靠的收敛保藏、避免被变化改易的办法，但半夜"有力者"还是会把舟、泽背走。郭象认为这个"有力者"就是变化："夫无力之力，莫大于变化者也；故乃揭天地以趋新，负山岳以舍故。故不暂停，忽已涉新，则天地万物无时而不移也。世皆新矣，而自以为故；舟日易矣，而视之若旧；山日更矣，而视之若前。今交一臂而失之，皆在冥中去矣。故向者之我，非复今我也。我与今俱往，岂常守故哉！而世莫之觉，横谓今之所遇可系而在,岂不昧哉！"虽然那些静态的物体看起来不是总被变化改易，但在最大的有力者——"变化"面前，没有不被变化的个体。"向者之我，非复今我"，世界、个体无一刻不在变化之中，没有任何力量能够抵抗变化。所以个体在绝对变化中的存身方式，就是与变化融为一体、顺应变化："不知与化为体，而思藏之使不化，则虽至深至固，各得其所宜，而无以禁其日变也。故夫藏而有之者，不能止其遁也；无藏而任化者，变不能变也。无所藏而都任之，则与物无不冥，与化无不一。"如果把变化视为一个整体，并且与变化融为一体，那么任何一种存在的形态都只是变化的局部显现。在这一整体之中，变化是恒常的，个体的主动性体现在"变不能变"（《南华真经注疏·内篇·大宗师》），也就是将个体安顿在整体的变化中，让整体的力量通过个体展现出来。"变不能变"所指向的强劲的能动性的根由就在于这种极致的个体性本质上也是变化整体的自然实现。至大无外的整体是无限的、生生不已的，它不依赖于任何内在和外在的条件，所以这一至大无外的整体的无限变化所塑造的个体性，也是生生不已的，也不依赖于任何内在、外在的条件。

因为个体的活动与整体的变化是统一的，所以郭象《庄子注》认为个体要以高度的主体性来破除一己之私:"世所谓无私者,释己而爱人。夫爱人者,欲人之爱己,此乃甚私,非忘公而公也。"某些道德行为隐藏的私心指向的是渴望得到回报。通过标榜"公"试图获得回报的精致的私心,是在"情有所偏而爱有所成"的主观偏好中发生的扭曲,所以"忘爱释私,玄同彼我",就要在超越于对待的一体之中"无爱而直前"。郭象强调要"玄同万物,而与化为体","玄同无表"。"玄同"即与至大无外的变化为一体。如果认为个体外在于变化,就会有"藏舟于壑,藏山于泽"的谬见,所以"无藏"而"冥物"——也就是"忘爱释私,玄同彼我"——才能真正与变化成为一体。"无所藏而都任之,则与物无不冥,与化无不一。故无外无内,无死无生,体天地而合变化,索所遁而不得矣。此乃常存之大情,非一曲之小意。"所以"无所藏"才是在恒常变化中安顿个体的理性方式。"玄同外内,弥贯古今,与化日新,岂知吾之所在也!"在玄同外内的视野中,与变化为一体而日日更新,彰显出一种新新不已的生命力,这才是"常存之大情"。

中国哲学中的气论传统,也是通过重视二气交感所形成的变化来强调生命力的不可遏制。如张载《正蒙》:"太和所谓道,中涵浮沉、升降、动静、相感之性,是生絪缊、相荡、胜负、屈伸之始。其来也几微易简,其究也广大坚固。起知于易者乾乎！效法于简者坤乎！散殊而可象为气，清通而不可象为神。不如野马、絪缊，不足谓之太和。""野马""絪缊"所形容的就是游气运动不息、交缠不止、万物成毁的状态。气的存在、活动虽然有诸多差异，但其中有"顺而不妄"的条理，这种秩序性保证着世界的太和，太和兼具世界的和谐性和旺盛生命力两个维度。张载认为："一物两体，气也。一故神（小注：两在故不测），两故化（小注：推行于一）。此天之所以参也。"又说："两不立则一不可见，一不可见则两之用息。两体者，虚实也，动静也，聚散也，清浊也，其究一而已。"强调在对立的"二"之中贯穿着统一的"一"，动力的来源则在于"一"中的"神"。"神"描摹的就是不疾而速、不行而至的变化，"一"是使"两"之"用"得以实现的统一者。所有对立、冲突、矛盾都是在太和的状态中发生的："气本之虚则湛（本）〔一〕无形，感而生则聚而有象。有象斯有对，对必反其为；有反斯有仇，仇必和而解。"（《张载集·正蒙》）气化过程带来的分别、对待、爱恶，随着气散而还归"湛一无形"的太虚，因气的"客形"带来的爱恶之情也会消陨，终究归于太和。阴阳的相互作用支持着一个稳定和谐的世界，这是世界保持旺盛生命力的根本原因。

《周易·说卦传》："立天之道曰阴与阳，立地之道曰柔与刚。"邵雍说："天之大，阴阳尽之矣；地之大，刚柔尽之矣。阴阳尽而四时成焉，刚柔尽而四维成焉。"(《邵雍集·观物内篇·第一篇》)他是以阴阳、刚柔来对最大的存在天、地进行把握。又因为阳刚而阴柔，刚柔也可被还原为阴阳，所以阴阳就是所有互为条件的双方的对待结构。《周易·系辞》"一阴一阳之谓道"说的就是贯穿在所有事物中的矛盾对立、相互转化的最普遍规律。阴阳的相互作用永不停息，所以世界的生生变化也永不停息。邵雍说："阳者道之用，阴者道之体。"(《邵雍集·观物外篇·下之上》)即以事物之形体为"体"，形体所发出的作用、活动为"用"。[1]《朱子语类》："张乖崖说'公事未判时属阳，已判后属阴'，便是这意。公事未判，生杀轻重皆未定；及已判了，更不可易。"(《朱子语类》卷七十四)又云："阳是人有罪，而未书案，尚变得；阴是已书案，更变不得。"(《朱子语类》卷一百二十九)根据陈睿超的分析，这实际上是将"阳"归结为事物之"未定"，即尚未确定、仍有变化之可能性的状态或因素；将"阴"归结为事物之"已定"，即"不可易"的确定性状态或因素。"未定"之可能性与"已定"之确定性显然构成了对阳、阴观念的一般化、抽象化理解。"确定性与可能性同样可看作对于与'阴''阳'的'体''用'观

---

[1] 参见《张岱年全集》(第四卷)，石家庄：河北人民出版社，1996年，第515—518页。

念相应之普遍性内涵的界说。"[1] 阴阳的转易变化，事实上也是确定性与可能性的变化。在新新相续中，旧事物被新事物取代是必然的，但并不是在存在上消灭了旧事物，不是阳消灭了阴，不是以可能性完全否定了确定性，事实上是阳对阴取得了支配地位，是此前的可能性成了目前的确定性，这种新的确定性决定着事物的性质。而此前的确定性逐渐为另一种确定性所主导，此前的确定性被转变为新事物的某方面要素，此前的可能性逐渐成了当下的确定性。从人事上说，旺盛生命力是由阴阳的相互作用而激发的，但保存自身的确定性——生命、血脉——是人类的自然倾向，要长期保有生命力，还需要突破自身的确定性，或者说在保持确定性中开辟出可能性。没有可能性、没有新生的存在方式，就意味着自身陷入一个凝固、僵死的状态，意味着不能对抗变化对人的改易，也就不能保证人类社会能够延续下去。

世界是在永恒变化的不均衡状态中呈现出的连续性发展，事物的确定性是相对的，确定性与可能性的相互作用必然要发生。程颐解释《周易·复卦》时说："其道反复往来，迭消迭息。七日而来复者，天地之运行如是也。消长相因，天之理也。阳刚君子之道长，故利有攸往。一阳复于下，乃

---

[1] 参见陈睿超：《朱子〈太极解义〉中的"体用"观念》，载《哲学研究》2022年第2期，第67—76页。

天地生物之心也。先儒皆以静为见天地之心,盖不知动之端乃天地之心也。非知道者,孰能识之?"(《二程集·周易程氏传·复卦》)即使在生生不息的趋势最为凝滞的冬至,阳气也已经微弱地生成,由此可以看到世界是在永不停息的运动之中。程颐认为以"静"为世界本质的理解是错误的,"动"才是世界的本质。新旧事物的转变,其本质是可能性与确定性在对待关系中的位置发生了变化。事物的性质只要是以确定性来规定的,确定性发生了变化,事物的性质也就发生了改变。新事物的发生是旧的可能性与确定性的对立统一转化为新的对立统一。阴阳意味着对立的两者及其统一体的存在,阴阳对立而又不能相无。确定性代表的是维持自身、肯定自身,限制着可能性对自身的改易;可能性代表的则是突破自身、否定自身。可能性与确定性的持续作用,使对立统一的整体新旧相续,呈现出连续发展的势头。

世界之所以充满差异性,充满生机活力,就在于阴阳的多寡不同。《周易·系辞》说"继之者善,成之者性",万物均由纯善无恶的阴阳二气交互作用而生成,但由于事物各自的阴阳多寡不同,事物的性质就各自不同。同时对于有自我意识的存在而言,以主动性去"扶阳抑阴"(以阳代表的积极作为抑制阴代表的消极被动)、改变自身气质的努力程度也不同,所以个体之间的可能性与确定性也不相同。

以变化的恒常性、阴阳的对待为前提，事物的发展变化过程则取决于阴阳的消长而呈现出的主导力量的强弱。如周敦颐《太极图说》说："太极动而生阳，动极而静，静而生阴。静极复动。一动一静，互为其根；分阴分阳，两仪立焉。"(《周敦颐集》卷一)这里以动与静的程度不同来描述阴阳的强弱。在生命过程中，只有生机发显与收敛的程度的变化，也就是确定性与可能性的变化。在"动而生阳"阶段，事物的本质没有发生变化，也就是阴所指向的确定性依然决定着这一事物的性质，而阳在其中体现出一种可能性的运作，但当阳之动达到了某一个最高点，就会引起阴阳统一体的分解，由此就发生了性质的变化。阳所代表的生机的发显逐渐消歇，阳转化为一种确定性，成为一种被动性。此前的阴所代表的确定性开始活动，呈现为一种收敛、否定、消解的可能性。阴阳交互而为可能性与确定性，事物性质在阴阳交互过程中不断改变，性质发生了改变的事物不是原来的事物，但又是原来的事物。之所以不是原来的事物，在于其性质已经不同；之所以还是原来的事物，是因为新的事物继承了旧事物的某些方面，这是事物演化的连续性特征。事物的形态始终在转换，而阴阳的对待却始终存在于一种连续性的形态之中。

朱熹在注释《周易·坤卦》初六爻辞"履霜，坚冰至"时说："夫阴阳者，造化之本，不能相无，而消长有常，亦非人所能损益也。然阳主生，阴主杀，则其类有淑慝之分焉。故圣人作《易》，于其不能相无者，既以健顺仁义之属明之，而无所偏主。至其消长之际，淑慝之分，则未尝不致其扶阳抑阴之意焉。"（《周易本义》卷一）也就是说，阴阳的可能性和确定性的对待、转易是事物存在的原因和根据（"夫阴阳者，造化之本，不能相无"），但阴阳的转化具有客观必然性，不以人的意志为转移（"消长有常，亦非人所能损益也"）。可能性和确定性对于不同的存在者而言则有不同的作用（"阳主生，阴主杀，则其类有淑慝之分焉"），所以阴阳分别体现的肯定与否定作用对事物的存在而言均有其意义（"圣人作《易》，于其不能相无者，既以健顺仁义之属明之"），但人的价值在于积极创造条件、促进事物的转化、让事物发挥新的生命力（"消长之际，淑慝之分，则未尝不致其扶阳抑阴之意"）。

中华文明的旺盛生命力充分体现在革命精神上。《周易·革卦·彖传》："天地革而四时成，汤武革命，顺乎天而应乎人。"孔颖达疏："'天地革'者，天地之道，阴阳升降，温暑凉寒，迭相变革，然后四时之序皆有成也。'汤武革命，顺乎天而应乎人'者，以明人革也。夏桀、殷纣，凶狂无度，天既震怒，人亦叛亡。殷汤、周武，聪明睿智，上顺天命，下应人心，放桀鸣条，诛纣牧野，革其王命，改其恶俗，故曰'汤武革命，顺乎天而应乎人'。计王者相承，改正易服，皆有变革，而独举汤、武者，盖舜、禹禅让，犹或因循，汤、武干戈，极其损益，故取相变甚者，以明人革也。"（《宋本周易注疏》卷七）"革"的本意在于"变"，阴阳升降、温暑凉寒、王者相承、改正易服、禅让因循、干戈吊民等新旧事物的对立和转化，都属于变革的范畴。变革中最突出的，是汤武革命这种政权转移事件。但这一巨大的变动，是客观情势中的不得不然。朱熹说："但若论其时，则当时聚一团恶人为天下害，不能消散，武王只得去伐。"（《朱子语类》卷二十五）汤武革命是面对客观情势时必须采取的措施。所以革命事实上就是一种应对客观变化时体现的主动性。天时的变化、分合治乱的交替要求有能够引领变革的力量产生，所以革命是文明能够克服困境、连绵不绝的否定性环节，是通过否定达到肯定的过程。革命不是单纯的政治变动，是在新的历史境遇中对"平治天下"理想的再次肯定和实现，是"可以因则因，可以革则革"的"随时变易以从道"的实践智慧，是根据时代变化和实际需要及时调整政治手段、以时代变化为依据再次顺应百姓需求的过程。从这一角度来说，能够在变化不息的客观环境中寻求历史主动、带领百姓克服时代困难、保持生命共同体的延续，体现的就是一种旺盛的生命力。

"革"本身就包含"改""变"的意思。如《玉篇》:"革,改也。"梁启超在《释革》一文中认为,"革"的含义有"改革"(reform)和"革命"(revolution):"Revolution 者,若转轮然,从根柢处掀翻之,而别造一新世界。"[1] 改革相当于以缓慢的量变实现质变,革命则是剧烈的质变,当然质变也要以缓慢的量变为基础,需要人主动促成质变。因为变化是每时每刻都在发生的,所以改革、革命也可以说是每个个体最普遍的处境。这也就意味着变革的主体应该保持高度的自觉,根据客观境遇的变化进行自我调适,以维持自身的生命力。变革精神是中华文明能够连绵不绝的原因。

第三节 穷变通久:通史精神的展开

龚自珍在《古史钩沉论二》中说:"灭人之国,必先去其史;隳人之枋,败人之纲纪,必先去其史;绝人之材,湮塞人之教,必先去其史;夷人之祖宗,必先去其史。"(《龚自珍全集》第一辑)历史学为政治文明提供了合法性,为政

---

[1] 《梁启超文集》,北京:线装书局,2009 年,第 164 页。

治秩序提供了依据，为文化教育提供了精神资源，为血缘纽带提供了信仰支撑。所以，历史学是政教秩序能够持续下去的精神担保。中国的历史学这个理解古今关系的异常发达的场域，展示了文明不可断绝的坚定信念，体现了一种突出的通史精神。

一、通史的形态

编年体史书最能体现历史的贯通感，中国的第一部编年体史书是《春秋》。《春秋》记载了从鲁隐公元年到鲁哀公十四年共240多年的历史，其体制和规模都体现了贯通意识。《史记·太史公自序》："夫《春秋》，上明三王之道，下辨人事之纪，别嫌疑，明是非，定犹豫，善善恶恶，贤贤贱不肖，存亡国，继绝世，补敝起废，王道之大者也。"《春秋》将夏商周三代与孔子的时代相贯通，这种通史意识为后世所继承，如孟子曰："孔子成《春秋》而乱臣贼子惧。……我亦欲正人心，息邪说，距诐行，放淫辞，以承三圣者。"(《孟子·滕文公下》)孔子通过作《春秋》的方式继承了尧、舜、禹、汤、文、武、周公平治天下的理想。孟子则继承孔子，通过著书立说继承周孔之道。

司马迁也是以继承周孔之道为修史之志的。他说："先人有言：'自周公卒五百岁而有孔子。孔子卒后至于今五百岁，有能绍明世，正《易》传，继《春秋》，本《诗》《书》《礼》《乐》之际？'意在斯乎！意在斯乎！小子何敢让焉。"（《史记·太史公自序》）他认为孔子删述六经，导引历史回到了大传统中，让过去的历史与未来的历史连成一个统绪。所以，孔子用历史学的方式体现周公之道，与周公制礼作乐一样，都是"随时撰述以究大道"（《文史通义校注·内篇·原道下》）。《春秋》《史记》的写作，与周公制礼作乐一样，是以不同的方式达到同一个目的，开辟出新的历史大潮流。在这个意义上，司马迁的通史撰述也具有为后世立法的意图。这种接续周孔之志的通史精神，在很大程度上奠定了后世延续文明的历史意识。

孔子为什么作《春秋》？《史记·太史公自序》说："夫《春秋》，上明三王之道，下辨人事之纪，别嫌疑，明是非，定犹豫，善善恶恶，贤贤贱不肖，存亡国，继绝世，补敝起废，王道之大者也。……拨乱世反之正，莫近于《春秋》。《春秋》文成数万，其指数千。万物之散聚皆在《春秋》。《春秋》之中，弑君三十六，亡国五十二，诸侯奔走不得保其社稷者不可胜数。察其所以，皆失其本已。……故《春秋》者，礼义之大宗也。夫礼禁未然之前，法施已然之后；法之所为用者易见，而礼之所为禁者难知。"在司马迁看来，孔子作《春秋》就是以拨乱反正的方式来体现历史的良知与天道的，所以在孔子删述的六艺之中，《春秋》刻画了天道的显现方式，所谓"万物之散聚皆在《春秋》"。《春秋》通过历史书写的方式提供了一种政治哲学——礼义之大宗，也通过历史书写的方式构建起一个政教系统，这个政教系统的核心就是周孔之教。

中国古代，在通史的撰述之外，修前代史、断代史也体现了接续通史的意图。我们单纯从断代史的单元叙事中，也能看到一种接续历史、对未来负责的主体意识。唐高祖下《命萧瑀等修六代史诏》："自有晋南徙，魏乘机运，周隋禅代，历世相仍；梁氏称邦，跨据淮海，齐迁龟鼎，陈建宗祊，莫不自命正朔，绵历岁祀，各殊徽号，删定礼仪。至于发迹开基，受终告代，嘉谋善政，名臣奇士，立言著绩，无乏于时。然而简牍未修，纪传咸阙。炎凉已积，谣俗迁讹。余烈遗风，泯焉将坠。朕握图御宇，长世字民。方立典谟，永垂宪则。顾彼湮落，用深轸悼。有怀撰录，实资良直。……务加详核，博采旧闻，义在不刊，书法无隐。"（《唐大诏令集》卷八十一）唐代为北魏、北齐、北周、梁、陈、隋、晋撰写断代史，宋代为唐代、五代撰写断代史，元代为宋、辽、金撰写断代史。对此前每一断代历史进行记录，对不同时期历史进行全面总结，即是以历史主人的态度，为未来保存历史经验，也体现了"通古今之变"的意志。

此外，断代的历史编纂通过志、书、表等形式，在短期的政治变动之外讨论长时段的经济社会发展大势、历史文化的沉积、天文地理、典章制度，也具有一种连续性的精神。如刘家和在对《汉书》的通史精神的分析中认为，《汉书》在体例上是西汉一代的断代史，但其中却有不少内在矛盾：十二帝纪为断代史，而八表、十志的叙事起点往往早于汉代，或综述由封建而郡县的发展大势，或叙述古代官制通史，或品鉴古今人物，或陈说学术通史。班固建立了"一套完整的通史体系，这又是司马迁'通古今之变'的修订新版"。所以"一个王朝，有头有尾，而作为其存在载体的文明，则是绵延不断的。《汉书》要呈现的是西汉时期文明的有机构成，所以才有通史精神，政治史只是其划段标志而已"[1]。

除了撰述同条共贯的通史，中国古代也以"三通"来表现一种通史精神。"三通"即杜佑的《通典》、郑樵的《通志》、马端临的《文献通考》，又与《续通典》《续通志》《续文献通考》《清通典》《清通志》《清文献通考》《清续文献通考》合称为"十通"。《通典》专叙历代典章制度的沿革变迁，《通志》是以人物为中心的纪传体通史，《文献通考》则为典章

---

[1] 刘家和：《论断代史〈汉书〉中的通史精神》，载《北京师范大学学报（社会科学版）》2012年第3期，第58页。

制度、政治经济的贯通性记载。马端临认为政治史的发展是一种显性的进展，是易于被把握和察觉的，但典章制度的变化却难以直观地把握，所以必须在通史的视野中来考察："窃尝以为理乱兴衰，不相因者也。晋之得国异乎汉，隋之丧邦殊乎唐，代各有史，自足以该一代之始终，无以参稽互察为也。典章经制，实相因者也。殷因夏，周因殷，继周者之损益，百世可知，圣人盖已预言之矣。爰自秦汉以至唐宋，礼乐兵刑之制，赋敛选举之规，以至官名之更张，地理之沿革，虽其终不能以尽同，而其初亦不能以遽异。如汉之朝仪、官制，本秦规也；唐之府卫、租庸，本周制也。其变通张弛之故，非融会错综，原始要终而推寻之，固未易言也。"（《文献通考·自序》）郑樵认为孔子对于六艺的撰述是贯通着通史的精神的："总诗、书、礼、乐而会于一手，然后能同天下之文；贯二帝三王而通为一家，然后能极古今之变。"所以《通志》的写作也具备这种贯通历史、极古今之变的精神。在通史的撰述之中，相互因承发展而形成的贯通意识应该成为叙事的核心："孔子曰：'殷因于夏礼，所损益可知也。周因于殷礼，所损益可知也。'此言相因也。自班固以断代为史，无复相因之义，虽有仲尼之圣，亦莫知其损益，会通之道，自此失矣。语其同也，则纪而复纪，一帝而有数纪；传而复传，一人而有数传；天文者，千古不易之象，而世世作天文志;《洪范》五行者,一家之书,而世世序五行传。如此之类,岂胜繁文?语其异也,则前王不列于后王,后事不接于前事;郡县各为区域,而昧迁革之源;礼乐自为更张,遂成殊俗之政。如此之类,岂胜断缏?"(《通志·总序》)因为通史的继承关系的缺失,导致前事与后事因革变化的脉络难以理清,这可能会在一定程度上影响到把历史所积累的文化经验运用到政治治理中。重视通史,其意图在于贯通古今而经世致用:"君子致用,在乎经邦,经邦在乎立事,立事在乎师古,师古在乎随时。必参今古之宜,穷始终之要,始可以度其古,终可以行于今。"(《通典·序》)通史意识体现的就是一种师古随时、酌古斟今、源流互质的历史主动精神。

此外,中国古代的历史编纂中,还有为帝王撰写起居注的传统,有修方志的传统,有撰写家谱的传统,这都是历史意识的体现。

《汉书·艺文志》:"古之王者,世有史官,君举必书,所以慎言行,昭法式也。左史记言,右史记事,事为《春秋》,言为《尚书》。"汉以前可能就设专职对帝王的言行进行如实记录。《唐六典》:"汉献帝及西晋以后,诸帝皆有起居注,皆史官所录。隋置起居舍人,始为职员,列为侍臣,专掌其事。每季为卷,送付史官。"(《唐六典》卷八)在皇帝驾崩之后史官会根据起居注这种原始史料编纂成实录。为了保证起居注的真实性，连皇帝本人也不能查看自己的起居注，这可以说是一种通过历史观念来规正君主的途径。据《资治通鉴》记载，唐太宗曾问褚遂良："卿犹知起居注，所书可得观乎？"褚遂良曰："史官书人君言动，备记善恶，庶几人君不敢为非，未闻自取而观之也！"唐太宗曰："朕有不善，卿亦记之邪？"褚遂良对曰："臣职当载笔，不敢不记。"黄门侍郎刘洎曰："借使遂良不记，天下亦皆记之。"（《资治通鉴·唐纪·太宗文武大圣大广孝皇帝中之中》）各个皇帝的实录的汇总，就成了一个朝代的重要史料。实录又是正史的来源，《旧唐书》《旧五代史》《宋史》《辽史》《金史》《元史》等均是大量抄录实录而成。信史传统为中华文明的记录、保存提供了坚实的佐证。

方志主要从天文、地理、政治、经济、文化、物产、人物、风俗、灾异等方面全面记录各地历史。历史上形成了地方志的多种体裁：全国性的"一统志"，如《大元一统志》《大明一统志》《大清一统志》等；各省的"通志"，如《云南通志》《山东通志》等；"府志""州志""县志"；寺观、山川、江湖等专志。

二、史德

文天祥《正气歌》"在齐太史简,在晋董狐笔"中秉笔直书的例子为人熟知。《左传·襄公二十五年》载齐崔杼弑其君庄公之事:"太史书曰:'崔杼弑其君。'崔子杀之。其弟嗣书而死者二人。其弟又书,乃舍之。"《左传·宣公二年》载:"赵穿攻灵公于桃园。宣子未出山而复。大史书曰'赵盾弑其君',以示于朝。宣子曰:'不然。'对曰:'子为正卿,亡不越竟,反不讨贼,非子而谁?'宣子曰:'乌呼!"我之怀矣,自诒伊戚。"其我之谓矣。'孔子曰:'董狐,古之良史也,书法不隐。赵宣子,古之良大夫也,为法受恶。惜也,越竟乃免。'"秉笔直书是为了如实地保存历史真实,让历史作为裁判,用历史的公正、良心,为未来提供鉴戒,规范未来的行动。这说明修史者的心术是十分重要的。

刘知几曾认为修史的必要条件是史才、史学、史识,但章学诚认为史识的内涵有待辨析:"夫刘氏以谓有学无识,如愚估操金,不解贸化。推此说以证刘氏之指,不过欲于记诵之间,知所决择,以成文理耳。故曰:古人史取成家,退处士而进奸雄,排死节而饰主阙,亦曰一家之道然也。此犹文士之识,非史识也。"章学诚认为史识不仅仅指向文章形式上的条理性,更重要的是关注其"史德":"能具史识者,必知史德。德者何？谓著书者之心术也。夫秽史者所以自秽，谤书者所以自谤，素行为人所羞，文辞何足取重？魏收之矫诬，沈约之阴恶，读其书者，先不信其人，其患未至于甚也。所患夫心术者，谓其有君子之心，而所养未底于粹也。夫有君子之心，而所养未粹，大贤以下，所不能免也。此而犹患于心术，自非夫子之《春秋》，不足当也。以此责人，不亦难乎？是亦不然也。盖欲为良史者，当慎辨于天人之际，尽其天而不益以人也。尽其天而不益以人，虽未能至，苟允知之，亦足以称著述者之心术矣。而文史之儒，竞言才、学、识，而不知辨心术以议史德，乌乎可哉？"（《文史通义校注·内篇·史德》）也就是说，有好的心术，史著才会把自身定位在对"天人之际"的理解上，史著才不会被文辞遮蔽了本义，才能将人在天地之间的作为如实地呈现，不以人之文遮蔽天之文。因为创造历史的人也是在天人之际中进行的创造，天人之际指向的就是对变化、不测的认识和应对。这种面对不测的理性就是历史理性，"通古今之变"就是一种"究天人之际"的历史理性。

我们可从章学诚的理解中看到司马迁"究天人之际，通古今之变"的思想，那就是在古今之变的时间性中对人在天地之间的作为进行记录、定位、判断。郑思肖《心史》中《古今正统大论》云："大抵古今之事，成者未必皆是，败者未必皆非。史书犹讼款,经书犹法令,凭史断史,亦流于史;视经断史,庶合于理。谬例、失实、泛书,史之通弊,最不可不察。"历史记载中更体现对价值原理的追求。价值原理来源于经典,史德就是要以中华文化传统中的价值为导引,让历史记载具有义理性,从而与时代相联结,在"通古今之变"中"究天人之际",确立起人的主体价值。

《唐会要》载:"武德四年十一月,起居舍人令狐德棻尝从容言于高祖曰:'近代已来,多无正史。梁、陈及齐,犹有文籍。至于周、隋,多有遗阙。当今耳目犹接,尚有可凭。如更十数年后,恐事迹湮没,无可纪录。'"(《唐会要·史馆上·修前代史》)基于"耳目犹接,尚有可凭"之便利——即从自身所遭遇的历史出发,古人认为有责任交给后人一部信史。这种强烈的责任感是修史使命的来源。这种精神强调对于变化的现象的忠实态度,这种态度要求充分尊重事实的独立性,在书写中让事实的意义、人物的价值自然地呈现出来。由此自然会引出对历史实践的合理性问题的讨论,而历史变迁中最具稳定性的是天道、民心——其重点就是如何在变化中恢复系统的稳定性、百姓对于变化的自然倾向,这就自然会将道德伦理蕴含在反映现实的史笔之中。唐太宗《修晋书诏》:"大矣哉,盖史籍之为用也。自沮诵摄官之后,伯阳载笔之前,列代史臣,皆有删著。……莫不彰善瘅恶,激一代之清芬；褒吉惩凶，备百王之令典。唯晋氏膺运，制有中原。上帝启玄石之图，下武代黄星之德。及中朝鼎沸，江左嗣兴。并宅寰区，各重徽号。足以飞英丽笔，将美□书。但十有八家，虽存记注；而才非良史，事亏实录。绪烦而寡要，思劳而少功。"（《唐大诏令集》卷八十一）这就是要以"良史"的本分、"实录"的精神，为后世留下一部信史，以"彰善瘅恶，激一代之清芬；褒吉惩凶，备百王之令典"，为未来的历史发展作出当代的贡献。

中华文化通过通史精神构建了一个政教系统，所以通过历史来表现道德伦理是中国史学的特点之一。欧阳修修《新五代史》，其原因就在于"当此之时，臣弑其君，子弑其父，而搢绅之士安其禄而立其朝，充然无复廉耻之色者皆是也"（《新五代史·一行传序》）。之所以要修《新唐书》，也是因为对《旧唐书》的不满："使明君贤臣、隽功伟烈与夫昏虐贼乱、祸根罪首，皆不得暴其善恶。"（《欧阳修全集》卷九十一《进新修唐书表》）

三、通史精神的哲学根基

中国人对历史的重视，与其世界观分不开，是实际哲学精神的体现。实际哲学强调的就是知行合一、情理合一、事理合一。"内在于情、内在于事的理，就不是希腊式的超感性的理念。不过，不论是情理还是事理，也还都是一种理，理的存在，保证了实际哲学的精神，不是与教条主义、理性主义正相反对的经验主义，而是一种虚心实照的实事求是精神。实际并不取消真际，而是以真际为导引的力量，更深入地投身现实。"[1] 希腊式的超感性的理念预示着终极实在与现象的根本不同。现象是时间和变化中的存在者，对现象的认识只是"意见"，而不是"知识"。现象是"可见世界"的肖像、事物，理念则是可知世界的概念和数学对象。因为理念超出了一切时间与变化过程，所以重视理念，自然就会轻视变化，也就轻视历史。而重视情理合一、事理合一的中国哲学，始终是在情、事之中理解理，也就是在历史之中理解历史之道，扎根于变化来理解存在能够连续存在的可能性。吕思勉说："历史虽是记事之书，我们之所探求，则为理而非事。理是概括众事的，事则只是一事。天下事既没有两件真正相同的，执应付此事的方法，以应付彼事，自然要失败。根据于包含众事之理，以应付事实，就不至于此了。然而理是因事而见的，舍事而求理，无有是处。所以我们求学，不

---

[1] 张志强：《重释中国哲学的核心、边界与未来——在中国哲学史学会 2021 年年会开幕式上的致辞》，载中国社会科学院哲学研究所网站：http://philosophy.cssn.cn/kygz/xszm/zgzx/202111/t20211124_5376657.html。

能不顾事实,又不该死记事实。"[1]这种理解充分体现了中国文化传统重历史的倾向与西方形而上学传统的反历史倾向的不同。通史精神指引中国人在历史变迁中把握时代的发展大势、理解人民群众的真实倾向,这是把握历史主动性的根本所在。中国的历史学展示的就是在时代变迁中如何把握民心、重新实现秩序的稳定。中国的历史学是高度理性化的实践理论,是如实呈现天道、民心运作逻辑的认识论,也是在客观之"势"中提示历史主体去把握历史主动的学术传统。

实际哲学要求在动态时空中对实践进行定位、刻画、评价。人事活动的意义并非来源于外在的抽象实体的判定,只有内在于变化、在变化之中突破困境、克服共同体的具体困难、维持共同体连续存在,才是个人的意义所在。对变化的发生以及应对变化的实践的如实记载,就成了历史学。中华文明的自然观、价值观、社会观、人生观都是以实践为中心,因而中国人形成了对世界、人生、社会的独特看法。以实践为校准,也就是以历史为校准。因为以历史为校准,所以中华文明就没有走向一种抽象思维,而具有一种反西方形而上学的特质。西方哲学中理论哲学与实践哲学是二分的,因此出现了理论的"善"与实践的"善"如何统一的问题。而中华文明严格说来是实践哲学,是一种历史哲学,强调理论来

---

[1] 吕思勉:《中国通史》,北京:北京联合出版公司,2019年,第1页。

源于实践,体用一如、知行一体、六经皆史,由此培养了中华民族对历史负责、创造历史的历史主动精神。

通史精神与如何在恒常变化中长期持存的思考相关。《庄子·齐物论》说:"众人役役,圣人愚芚,参万岁而一成纯。万物尽然,而以是相蕴。"郭象注:"纯者,不杂者也。夫举万岁而参其变,而众人谓之杂矣,故役役然劳形怵心而去彼就此。唯大圣无执,故芚然直往而与变化为一,一变化而常游于独者也。故虽参糅亿载,千殊万异,道行之而成,则古今一成也;物谓之而然,则万物一然也。无物不然,无时不成;斯可谓纯也。"(《南华真经注疏·内篇·齐物论》)这里揭示了两种对待变化的态度,一种是"举万岁而参其变",另一种则是"劳形怵心而去彼就此"。"参其变"也就是置身于无限的变化之中、"与变化为一",与之相反的"劳形怵心""去彼就此"则是执泥于有限个体的"心""形"而外在于变化。因为变化来源于道的运作,所以只有"与变化为一",才能与道相合。变化体现出了道的普遍性——"无物不然,无时不成",所以在应然状态下,与变化为一、与道相合的人能在"参糅亿载,千殊万异"的杂多中体现"道"的纯一无杂。在变化的绝对性面前,个体的主动性体现为"变不能变"。"不能变"即变化本身的不可变之特性,"变不能变"指的是个体在整体的变化中应物变化,既重视个体的主动性,又强调要在整体中发挥个体的主动性。个体的"变"是整体之"变"的具体实现,这就是"一变化而常游于独"的意义。因为变化的恒常性意味着个体无法外在于整体性的变化,所以个体必须保持与整体性的变化为一体。变化的恒常性还意味着变化是无限的,所以与变化为一体的个体也应该是无限的,由此"变不能变"的个体能够在通史的场域中得到长期延续。

"通史"之"通"讲的就是个体与整体建立关联的方式。《老子指略》:"故生之畜之,不壅不塞,通物之性,道之谓也。""通物"描述了具有动力的道与物发生关联的方式:道生成、亭毒、通畅万物,是万物之性得以实现的根本动力,对于万物体现出一种统一性。但万物之性又是独立自足的"至理",不依赖于任何统一者、主宰者。这就意味着万物之性的充分实现,就是道的原始动力自身的展开,因为道是无穷的,所以世界也是生生不已的。《周易·坤卦·文言》:"君子黄中通理,正位居体,美在其中,而畅于四支,发于事业,美之至也。"《周易·坤卦》六五爻王弼注:"夫体无刚健而能极物之情,通理者也。以柔顺之德,处于盛位,任夫文理者也。垂黄裳以获元吉,非用武者也。"六五体质为阴,"阳为实而阴为虚","虚"意味着避免了错误的主动性而能够畅通万物,"夫虚己存诚,则众之所不远也。躁以有求,则物之所不欲也"。《乾卦》王弼注:"以刚健而居人之首,则物之所不与也。"强调只有以"体无刚健""柔顺""任夫文理"等柔性的"通理",才能将政治共同体导向"元吉"。这意味着应运用"文化"而非"武化"的方式,通达于事物内在的秩序,从而极致地把握万物。事实上,通史不仅意味着对过往历史记忆的极致把握,更重要的是,要以完整理解时代的方式掌握历史主动,以历史为依据确立当下的新秩序,从而更好地把握当下。占有了当下,才能掌握未来,才能创造后世连绵不断的历史。中国历史上常以修纂断代史的方式体现某王朝继承了上一段历史的统绪,这种通史撰述的重要意图在于向世人昭示历史的主人已经改变,在新的历史纪元中新的政治秩序已经开始。

《周易·系辞》:"《易》穷则变,变则通,通则久。"韩康伯注:"通变则无穷,故可久也。"只有贯通于变化,才不会穷乏。孔颖达疏:"若黄帝已上,衣鸟兽之皮,其后人多兽少,事或穷乏。故以丝麻布帛而制衣裳,是神而变化,使民得宜也。……所以'通其变'者,言易道若穷,则须随时改变。所以须变者,变则开通得久长。"变通所指向的不是物,而是事,也就是人参与其中的改造世界的过程。《系辞》又云:"通变之谓事。"韩康伯注:"物穷则变,变而通之,事之所由生也。"孔颖达疏:"物之穷极,欲使开通，须知其变化，乃得通也。凡天下之事，穷则须变，万事乃生。"变通是丰富的可能性得以展开的前提，"变""通"也可以理解为两种实践方式。《系辞》："变而通之以尽利。"孔疏："变，谓化而裁之；通，谓推而行之，故能尽物之利也。"对于变化的节奏的理解和裁断，以及在此裁断基础上的推行，意味着对于物的极致运用，也就是尽物之利。尽物之利是为了让人能够更好地面对变化，让大群一体能够长期存续。

中华文明的连续性,从根本上决定了中华民族必然走自己的路。如果不从源远流长的历史连续性来认识中国,就不可能理解古代中国,也不可能理解现代中国,更不可能理解未来中国。

——习近平

第四章
坚守中华之道，建设中华民族现代文明

习近平总书记在文化传承发展座谈会上的重要讲话对中华文明突出特性进行了深刻揭示。中华文明的突出特性，就是中华文明发展规律的内涵。习近平总书记深刻揭示了中华民族5000多年的文明与中国特色社会主义道路的一气贯通。坚持中国特色社会主义道路，就要遵循中华文明发展规律，就要继承中华文明的突出特性。不能继承中华文明的突出特性，就会偏离中华文明的正道，中华文明就不可能连续发展、绵延不断。

第一节　坚定文化自信

习近平总书记指出："中华文明历经数千年而绵延不绝、迭遭忧患而经久不衰，这是人类文明的奇迹，也是我们自信的底气。"[1] 习近平总书记深刻认识到文化是一种维持文明连续的根本力量，在中国特色社会主义道路自信、理论自信、制度自信之外，又提出了文化自信，深刻阐明了文化自信对于道路自信、理论自信、制度自信的根本性意义。习近平新时代中国特色社会主义思想以一种深刻的大历史观来全面把握中华民族的发展历程，以连续性的视野来理顺中国共产党的百年奋斗历程与中华文明之间的内在关联，深刻洞察时代发展大势，充分挖掘和释放中华文明发展进程中积累的强大能量，以"接续奋斗"的连续性历史观从根本上理顺传统文化、社会主义、现代化三者的关系，以历史主动性精神奋力开创中国式现代化，不断创造中华文化新辉煌，全面推进中华民族伟大复兴。

---

[1] 习近平：《在文化传承发展座谈会上的讲话》，载《求是》2023年第17期，第11页。

一、"文化自信"来源于对中华文明突出的连续性的深刻把握

习近平总书记指出:"我们说要坚定中国特色社会主义道路自信、理论自信、制度自信,说到底是要坚定文化自信。文化自信是更基本、更深沉、更持久的力量。"[1] "文化自信"的提出,是党的十八大以来文明自觉的集中体现。2012年,党的十八大报告提出全党全国各族人民要坚定道路自信、理论自信、制度自信,要在中国共产党成立一百年时全面建成小康社会、在新中国成立一百年时建成富强民主文明和谐的社会主义现代化国家。这是对中国特色社会主义道路自信、理论自信、制度自信的最早表述。2016年,习近平总书记在庆祝中国共产党成立95周年大会上的重要讲话中第一次向全党明确提出了坚持"四个自信"的重大战略要求,强调"坚持不忘初心、继续前进,就要坚持中国特色社会主义道路自信、理论自信、制度自信、文化自信"[2]。这是第一次把文化自信与道路自信、理论自信、制度自信并列,重点提出"文化自信"。

新时代我们要从中华文明突出的连续性出发来确立文化

---

[1] 习近平:《在哲学社会科学工作座谈会上的讲话》,北京:人民出版社,2016年,第17页。
[2] 《习近平谈治国理政》(第二卷),北京:外文出版社,2017年,第36页。

自信。习近平总书记指出："中华优秀传统文化是中华民族的精神命脉，是涵养社会主义核心价值观的重要源泉，也是我们在世界文化激荡中站稳脚跟的坚实根基。"[1]这一根本洞见深刻指出了文化的独立性关乎民族的独立性，坚持中国特色社会主义文化发展道路、建设社会主义文化强国是一项为国家立心、为民族立魂的千秋伟业，是"国之大者"，是关系新时代中国特色社会主义建设全局的关键一招。"如果不从源远流长的历史连续性来认识中国，就不可能理解古代中国，也不可能理解现代中国，更不可能理解未来中国。"[2]中国特色社会主义事业的根基在于文化的自信自立，中华文明能够自信自立，根本原因在于以突出的连续性保证道路的独立性、自主性。中华文明的连续性从根本上决定了中华民族必然走自己的路。

二、以连续性历史观导引出历史自信、凝聚历史主动精神

一切伟大成就都是接续奋斗的结果，一切伟大事业都需要在继往开来中推进。《中共中央关于党的百年奋斗重大成

---

[1] 习近平：《在文艺工作座谈会上的讲话》，北京：人民出版社，2015年，第25页。
[2] 习近平：《在文化传承发展座谈会上的讲话》，载《求是》2023年第17期，第5页。

就和历史经验的决议》生动体现了党的接续奋斗精神，全面回顾了党的百年恢宏壮丽奋斗历程，深入阐述了党为中国人民、中华民族、马克思主义、人类进步事业作出的卓越贡献，深刻彰显了党在连续性历史观中确立历史自信、掌握历史主动的思想高度。

对历史进程的认识越全面，对历史规律的把握越深刻，党的历史智慧就越丰富，对前途的掌握就越主动。党中央决定在全党全社会开展党史总结、学习、教育、宣传，强调全党要学史明理、学史增信、学史崇德、学史力行，就是为了增加历史自信、增进团结统一、增强斗争精神。只有深入理解党史、新中国史、改革开放史、社会主义发展史、中华民族发展史，才能用高尚的民族精神、伟大的中国共产党人精神谱系激发起"革命理想高于天"的豪情，培养出能够担当民族复兴大任的时代新人，才能在高度的历史自信和历史主动精神的指引下，把中国发展进步的命运始终牢牢掌握在自己手中。

拥有马克思主义科学理论指导是我们党坚定信仰信念、把握历史主动的根本所在。习近平新时代中国特色社会主义思想就是在连续性历史观的指引之下，坚持"第二个结合"，在掌握思想主动中取得的重大理论突破。中国共产党人是马克思主义的坚定信仰者和实践者，也是中华优秀传统文化的忠实传承者和弘扬者。新时代的中国共产党人更加自觉地继承马克思主义的魂脉和中华优秀传统文化的根脉，将坚持和发展马克思主义、继承和弘扬中华优秀传统文化、建设中华民族现代文明作为新的文化使命，这是对中华文明连续性的发扬光大。

第二节 秉持开放包容

习近平总书记指出："开放包容始终是文明发展的活力来源，也是文化自信的显著标志。中华文明的博大气象，就得益于中华文化自古以来开放的姿态、包容的胸怀。"[1]中国共产党继承了和平、和睦、和谐这一中华文明5000多年来一直传承的理念，将尚"和"精神用于处理整体与个体关系、人己关系。这种开放包容的心态充分体现了新时代的理念与中华优秀传统文化的连续性。开放包容的心态也为巩固中华民族共同体、构建人类命运共同体提供了思想基础。

---

[1] 习近平：《在文化传承发展座谈会上的讲话》，载《求是》2023年第17期，第11页。

一、将尚"和"精神转化为铸牢中华民族共同体意识的思想基础

中华文化中"和而不同"的理念概括了中国人的相处之道,强调以"和"而不是"同"来看待世界的差异性:一方面尊重差异,"物之不齐,物之情也"(《孟子·滕文公上》);另一方面包容多样,不主张以表面的"同"来抹平整体内部的差异。个体之间的差异并不是冲突的根源,差异和对立所最终朝向的仍是整体的"和"。这种价值观是古代中国和谐社会传统的来源。

习近平总书记指出:"中国人民怕的就是动荡,求的就是稳定,盼的就是天下太平。"[1]这是对中华文明突出的和平性的生动揭示,倡导交通成和,反对隔绝闭塞;倡导共生并进,反对强人从己;倡导保和太和,反对丛林法则。和平性是中华文明的基因。"中国绝不会搞国强必霸,也不认同你输我赢的零和游戏,因为中国人从来没有这种文化基因,也没有这种野心。"[2]每一种文明都扎根于自己的生存土壤,凝聚着一个国家、一个民族的非凡智慧和精神追求,都有自己存在的价值。以和平性为重要内涵的新时代外交理念强调充分尊

---

1 《习近平谈治国理政》(第一卷),北京:外文出版社,2018年,第247—248页。
2 《习近平同希腊总统帕夫洛普洛斯会谈》,《人民日报》2019年11月12日。

重世界文明多样性。

习近平总书记明确指出:"中华文明的和平性,从根本上决定了中国始终是世界和平的建设者、全球发展的贡献者、国际秩序的维护者,决定了中国不断追求文明交流互鉴而不搞文化霸权,决定了中国不会把自己的价值观念与政治体制强加于人,决定了中国坚持合作、不搞对抗,决不搞'党同伐异'的小圈子。"[1] 党的十八大以来,我们始终以世界眼光关注人类前途命运,坚持开放、不搞封闭,坚持互利共赢、不搞零和博弈,坚持主持公道、伸张正义。我们坚定地站在历史正确的一边、站在人类文明进步的一边,高举和平、发展、合作、共赢旗帜,在坚定维护世界和平与发展中谋求自身发展,又以自身发展更好维护世界和平与发展。

二、将尚"和"的有机体世界观落实为构建人类命运共同体的伟大实践

中国共产党将讲信修睦、亲仁善邻的理念转化为共商、共建、共享原则,推动共建"一带一路"高质量发展,推进一大批关系沿线国家经济发展、民生改善的合作项目,建设

---

[1] 习近平:《在文化传承发展座谈会上的讲话》,载《求是》2023年第17期,第6页

和平之路、繁荣之路、开放之路、绿色之路、创新之路、文明之路，使共建"一带一路"成为当今世界深受欢迎的国际公共产品和国际合作平台。

中国共产党秉持和平开放的理念，优化区域开放布局，巩固东部沿海地区开放先导地位，提高中西部和东北地区开放水平；加快建设西部陆海新通道；加快建设海南自由贸易港，实施自由贸易试验区提升战略，扩大面向全球的高标准自由贸易区网络；有序推进人民币国际化；深度参与全球产业分工和合作，维护多元稳定的国际经济格局和经贸关系。中国共产党秉持正确义利观和真实亲诚理念，加强同广大发展中国家的团结合作，整体合作机制实现全覆盖。

中国共产党深刻认识到，构建人类命运共同体是世界各国人民的前途所在，故而提出了全球发展倡议、全球安全倡议，推动建设新型国际关系，推动构建人类命运共同体，弘扬和平、发展、公平、正义、民主、自由的全人类共同价值，引领人类进步潮流。中国共产党将尚"和"的理念转化为坚持对话协商，推动建设一个持久和平的世界；坚持共建共享，推动建设一个普遍安全的世界；坚持合作共赢，推动建设一个共同繁荣的世界；坚持交流互鉴，推动建设一个开放包容的世界；坚持绿色低碳，推动建设一个清洁美丽的世界。

三、全面推进特色大国外交，弘扬全人类共同价值

中华文化对世界文明兼收并蓄的开放胸怀，是中华文明延绵不绝、不断发展的重要原因。丝绸之路的开辟、佛教的东传、"伊儒会通"、"大航海时代"序幕的拉开、美洲作物的引进、"西学东渐"、新文化运动、马克思主义和社会主义思想传入中国等文明交流互鉴，都深刻改变了中国历史的进程，积淀了以和平合作、开放包容、互学互鉴、互利共赢为核心的精神，为"一带一路"倡议、"人类命运共同体"理念的提出准备了历史基础。

中国共产党推动构建新型国际关系，真诚呼吁世界各国弘扬和平、发展、公平、正义、民主、自由的全人类共同价值，促进各国人民相知相亲，尊重世界文明多样性，以文明交流超越文明隔阂、文明互鉴超越文明冲突、文明共存超越文明优越，共同应对各种全球性挑战，积极构建人类命运共同体，推动建设更加美好的世界。在新的历史起点上，我们需要将中华文明中突出的包容性充分发挥出来，以海纳百川的胸怀对人类文明成果兼收并蓄，以包容性继续推动文化繁荣、建设文化强国、建设中华民族现代文明。

第三节　坚持守正创新

习近平总书记指出:"守正,守的是马克思主义在意识形态领域指导地位的根本制度,守的是'两个结合'的根本要求,守的是中国共产党的文化领导权和中华民族的文化主体性。创新,创的是新思路、新话语、新机制、新形式,要在马克思主义指导下真正做到古为今用、洋为中用、辩证取舍、推陈出新,实现传统与现代的有机衔接。"[1]中国共产党继承了中华民族守正不守旧、尊古不复古的进取精神,继承了中华民族不惧新挑战、勇于接受新事物的无畏品格,以"第二个结合"打开了理论和实践创新空间,以习近平新时代中国特色社会主义思想的世界观和方法论推进理论创新,以自我革命精神激活中华民族的创新性,永葆中国共产党的生机与活力。

---

[1] 习近平:《在文化传承发展座谈会上的讲话》,载《求是》2023年第17期,第11页。

一、"第二个结合"打开了理论创新空间

习近平总书记在文化传承发展座谈会上的重要讲话中指出:"'第二个结合'让我们掌握了思想和文化主动,并有力地作用于道路、理论和制度。……更重要的是,'第二个结合'是又一次的思想解放,让我们能够在更广阔的文化空间中,充分运用中华优秀传统文化的宝贵资源,探索面向未来的理论和制度创新。"[1] 党的十八大以来提出的一系列新思想、新理念、新论断,深刻认识到道路、理论、制度的自信归根到底是文化自信,特别是提出"第二个结合",从"具体实际"深入"文明实际",深刻回答了一系列中国之问、世界之问、人民之问、时代之问,深刻回答了新时代坚持和发展什么样的中国特色社会主义、怎样坚持和发展中国特色社会主义,建设什么样的社会主义现代化强国、怎样建设社会主义现代化强国,建设什么样的长期执政的马克思主义政党、怎样建设长期执政的马克思主义政党等重大时代课题,破解了长期困扰我们的古今中西之争,提出了建设中华民族现代文明的文化使命。

---

[1] 习近平:《在文化传承发展座谈会上的讲话》,载《求是》2023年第17期,第9页。

二、以习近平新时代中国特色社会主义思想的世界观和方法论推进创新实践

习近平总书记号召我们"不断谱写马克思主义中国化时代化新篇章","继续推进实践基础上的理论创新,首先要把握好新时代中国特色社会主义思想的世界观和方法论,坚持好、运用好贯穿其中的立场观点方法"[1]。"六个必须坚持"是将中华文明突出的创新性进行当代转化的生动体现。

"必须坚持人民至上"深刻阐明了人民的创造性实践是理论创新的不竭源泉。这是将中华优秀传统文化中的天道原理、民本思想进行了创造性转化、创新性发展。"必须坚持自信自立"深刻阐明了理论创新必须要从中国基本国情出发,中国的问题必须由中国人自己来解答的根本道理。中国共产党深刻继承独立自主的民族精神,以自信自立激发出建设中国特色社会主义的强大创造力。"必须坚持守正创新"深刻阐明了创新实践要以守正确保不迷失方向、不犯颠覆性错误,要以创新来把握时代、引领时代。这是对中华优秀传统文化中"随时变易以从道"的思想的激活,是将守道的内涵转化为坚持马克思主义基本原理不动摇、坚持党的全面领导不动

---

[1] 习近平:《高举中国特色社会主义伟大旗帜　为全面建设社会主义现代化国家而团结奋斗——在中国共产党第二十次全国代表大会上的报告》,北京:人民出版社,2022年,第18—19页。

摇、坚持中国特色社会主义不动摇，而将"变易"转化为紧跟时代步伐，顺应实践发展。"必须坚持问题导向"深刻阐明了问题意识对于创新的重要性。这是对中华优秀传统文化中的辩证思维的充分激活。中国共产党将矛盾原理充分激活，集中体现在对问题意识的重视，深刻认识到回答并指导解决问题是理论的根本任务，不断提出真正解决问题的新理念、新思路、新办法。"必须坚持系统观念"深刻阐明了要用普遍联系的、全面系统的、发展变化的观点观察事物，才能把握事物发展规律而实现创造性的生成活动。系统观念与中华优秀传统文化具有高度的契合性，中国共产党将关联性思维、整体性思维、变易思维充分激活，以系统观念为前瞻性思考、全局性谋划、整体性推进党和国家各项事业提供科学思想方法。"必须坚持胸怀天下"深刻阐明了理论创新要有世界眼光，为解决人类面临的共同问题作出贡献。这是对中华优秀传统文化中的天下观念的激活。中国共产党是为人类谋进步、为世界谋大同的党，这来源于对"天无私覆，地无私载""万物一体"观念的深刻继承，让理论创新具有了更深远的指向，体现出更广阔的世界性意义。

三、以自我革命精神激活中华文明的创新性，永葆中国共产党的生机与活力

"革命"一词来源于《周易·革卦》："天地革而四时成，汤武革命，顺乎天而应乎人。"革命是在对天时变化、王朝更迭背后最具稳定性的结构——天道和人心——的深刻理解之上所展开的创造性活动，指向的是生生变易、革故鼎新的历史实践。历史的因革本质上是在新的历史境遇中对"平治天下"理想的再次肯定和实现，是以时代变化为依据，再次顺应百姓的需求，开创出的新文明形态。从这一意义上说，革命并不是一种外在的否定性的破坏力量，而是文明的自我演化和更新。

中国共产党的自我革命精神与中华文明注重心性修养的工夫论传统相契合。习近平总书记指出："如何跳出历史周期率？党始终在思索、一直在探索。毛泽东同志在延安的窑洞里给出了第一个答案，这就是'让人民来监督政府'；经过百年奋斗特别是党的十八大以来新的实践，党又给出了第二个答案，这就是自我革命。"[1] 勇于自我革命是中国共产党区别于其他政党的显著标志。中国共产党之所以能历经百年

---

[1] 习近平：《全面从严治党探索出依靠党的自我革命跳出历史周期率的成功路径》，《求是》2023年第3期，第5页。

而始终永葆青春，关键就在于能够顺应时代变化，紧跟时代潮流，克服自身的错误，通过自我革命掌握历史主动。习近平总书记指出："马克思主义政党的先进性和纯洁性不是随着时间推移而自然保持下去的，共产党员的党性不是随着党龄增长和职务提升而自然提高的。初心不会自然保质保鲜，稍不注意就可能蒙尘褪色，久不滋养就会干涸枯萎，很容易走着走着就忘记了为什么要出发、要到哪里去，很容易走散了、走丢了。我们查处的那些腐败分子，之所以跌入违纪违法的陷阱，从根本上讲就是把初心和使命抛到九霄云外去了。不忘初心、牢记使命不是一阵子的事，而是一辈子的事，每个党员都要在思想政治上不断进行检视、剖析、反思，不断去杂质、除病毒、防污染。"[1]党性修养的要求与中华优秀传统文化的心性修养具有契合性，《大学》载："苟日新，日日新，又日新。"就像人每天都要洗脸、沐浴一样，人每天都要加强自律，注意洗去内心的污浊，保持人格的高尚、品性的端正。中国共产党坚持全面从严治党的战略方针，提出新时代党的建设总要求，全面推进党的政治建设、思想建设、组织建设、作风建设、纪律建设，把制度建设贯穿其中，深入推进反腐败斗争，落实管党治党政治责任，以伟大自我革命引

---

[1] 习近平：《在"不忘初心、牢记使命"主题教育总结大会上的讲话》，载《求是》2020年第13期，第11页。

领伟大社会革命。自我革命要求发挥主动性，以人民的利益否定一己私利，以有价值的、积极向上的态度来否定没有价值的、反动的、消极的态度。自我革命不是两个外在事物的相互否定，而是一个事物内部的自律自觉，以内在的自主性力量对旧的自我进行革命，以此永葆自身的生机与活力。

主要参考文献

一、理论经典与党的文献

1. 《马克思恩格斯全集》（第一卷），北京：人民出版社，1956年。

2. 《马克思恩格斯全集》（第二十八卷），北京：人民出版社，2018年。

3. 习近平：《在文化传承发展座谈会上的讲话》，载《求是》2023年第17期。

4. 习近平：《在哲学社会科学工作座谈会上的讲话》，北京：人民出版社，2016年。

5. 《习近平谈治国理政》（第二卷），北京：外文出版社，2017年。

6. 习近平：《在文艺工作座谈会上的讲话》，北京：人民出版社，2015年。

7. 《习近平谈治国理政》(第一卷),北京:外文出版社,2018年。

8. 习近平:《高举中国特色社会主义伟大旗帜 为全面建设社会主义现代化国家而团结奋斗——在中国共产党第二十次全国代表大会上的报告》,北京:人民出版社,2022年。

9. 习近平:《全面从严治党探索出依靠党的自我革命跳出历史周期率的成功路径》,载《求是》2023年第3期。

10. 习近平:《在"不忘初心、牢记使命"主题教育总结大会上的讲话》,载《求是》2020年第13期。

二、其他论文、专著

1. 张祥龙:《"家"与中华文明》,载《中央社会主义学院学报》2018年第6期。

2. 孙向晨:《在现代世界中拯救"家"——关于"家"哲学讨论的回应》,载《探索与争鸣》2021年第10期。

3. 费孝通:《美好社会与美美与共:费孝通对现时代的思考》,北京:生活·读书·新知三联书店,2019年。

4. 张祥龙:《代际时间:家的哲学身份——与孙向晨教授商榷》,载《探索与争鸣》2021年第10期。

5. 干春松:《制度化儒家及其解体》,北京:中国人民大学出版社，2003年。

6. 钱穆：《国史大纲》（新校本），北京：九州出版社，2011年。

7. 张敏杰：《中国古代的婚姻与家庭》，杭州：浙江人民出版社，2004年。

8. 费孝通：《乡土中国》，北京：中国青年出版社，2022年。

9. 牟发松：《汉唐历史变迁中的社会与国家》，上海：上海人民出版社，2011年。

10. 赵汀阳：《天下的当代性》，北京：中信出版社，2016年。

11. 许瀚艺：《再思"差序格局"：两个思想传统下的中国社会现实》，载《哲学研究》2022年第10期。

12. 孙向晨：《论家：个体与亲亲》，上海：华东师范大学出版社，2019年。

13. 张志强：《"三代"与中国文明政教传统的形成》，载《文化纵横》2019年第6期。

14. 冯友兰：《三松堂全集》（第一卷），郑州：河南人民出版社，2000年。

15. 钱穆：《政学私言》（新校本），北京：九州出版社，2011年。

16. 饶宗颐：《中国史学上之正统论》，北京：中华书局，2015年。

17. 《梁启超文集》，北京：线装书局，2009 年。
18. 姚大力：《追寻"我们"的根源：中国历史上的民族与国家意识》，北京：生活·读书·新知三联书店，2018 年。
19. 江湄：《正统论：中国文明的一个关键概念》，载《开放时代》2021 年第 1 期。
20. 刘丰：《制造"三代"——儒家"三代"历史观的形成及近代命运》，载《现代哲学》2020 年第 3 期。
21. 赵汀阳：《惠此中国：作为一个神性概念的中国》，北京：中信出版社，2016 年。
22. 张一兵：《乾元殿考》，载《中国文物学会传统建筑园林委员会第十五届学术研讨会会议文件》，2004 年。
23. （德）黑格尔：《法哲学原理》，范扬、张企泰译，北京：商务印书馆，1961 年。
24. 黄钰洲：《从实践的共同体到自由的现实——黑格尔对柏拉图式国家的批判》，载《中国社会科学院大学学报》2022 年第 3 期。
25. 吴增定：《利益权衡还是道德意志？——从黑格尔的角度反思近代社会契约理论》，载《云南大学学报（社会科学版）》2018 年第 5 期。
26. 张志强：《经史传统与哲学社会科学》，载《开放时代》2022 年第 1 期。

27. 李猛：《自然社会》，北京：生活·读书·新知三联书店，2016 年。

28. 牟发松：《社会与国家关系视野下的汉唐历史变迁》，上海：华东师范大学出版社，2006 年。

29. 陈来：《论中华民族爱国主义的精神》，载《哲学研究》2019 年第 10 期。

30. 金景芳：《论宗法制度》，载《吉林大学社会科学学报》1956 年第 2 期。

31. 刘家和：《论通史》，载《史学史研究》2002 年第 4 期。

32. 赵汀阳：《荀子的初始状态理论》，载《社会科学战线》2007 年第 5 期。

33. 张志强：《深刻理解中华民族现代文明的丰富内涵》，载中国社会科学网：https://www.cssn.cn/ztzl/20da/cszhmzxdwm/202401/t20240103_5724253.shtml。

34. 冯友兰：《中国哲学史》，上海：华东师范大学出版社，2015 年。

35. 杨立华：《一本与生生：理一元论纲要》，北京：生活·读书·新知三联书店，2018 年。

36. 《张岱年全集》（第四卷），石家庄：河北人民出版社，1996 年。

37. 陈睿超：《朱子〈太极解义〉中的"体用"观念》，载《哲学研究》2022 年第 2 期。

38. 刘家和：《论断代史〈汉书〉中的通史精神》，载《北京师范大学学报（社会科学版）》2012 年第 3 期。

39. 张志强：《重释中国哲学的核心、边界与未来——在中国哲学史学会 2021 年年会开幕式上的致辞》，载中国社会科学院哲学研究所网站：http://philosophy.cssn.cn/kygz/xszm/zgzx/202111/t20211124_5376657.html。

40. 吕思勉：《中国通史》，北京：北京联合出版公司，2019 年。

后　记

　　我曾无数次设想过自己的第一本书将以什么方式和大家见面，但没想到这一天来得这么快。本书的写作是中国社会科学院哲学研究所中国哲学学科有组织科研的一次探索。张志强所长在本书写作、统稿过程中进行了无微不至的指导，刘丰老师、任蜜林老师、傅正老师、龙涌霖老师、孙海科老师在完善内容方面也提供了相关的帮助，在此表示感谢。感谢浙江古籍出版社王旭斌社长、关俊红副总编辑在策划本丛书过程中所做的工作。感谢编校人员的悉心编校。感谢妻子一直以来对我的支持和鼓励。

胡海忠
2024 年 5 月 20 日

图书在版编目(CIP)数据

生生不已:中华文明突出的连续性/胡海忠著.--杭州:浙江古籍出版社,2024.5
(中华文明突出特性阐释丛书/张志强主编)
ISBN 978-7-5540-2956-5

Ⅰ.①生… Ⅱ.①胡… Ⅲ.①中华文化-哲学-研究 Ⅳ.① K203 ② B0

中国国家版本馆 CIP 数据核字(2024)第 088460 号

策　　划	芮　宏	整体设计	吴思璐
组　　稿	关俊红	责任校对	吴颖胤
责任编辑	周　密	责任印务	楼浩凯
文字编辑	谭玉珍		

中华文明突出特性阐释丛书
生生不已——中华文明突出的连续性
胡海忠　著

出版发行	浙江古籍出版社
	(杭州市环城北路 177 号　电话:0571-85068292)
网　　址	https://zjgj.zjcbcm.com
照　　排	浙江大千时代文化传媒有限公司
印　　刷	浙江新华数码印务有限公司
开　　本	880mm×1230mm　1/32
印　　张	4.75
字　　数	87 千字
版　　次	2024 年 5 月第 1 版
印　　次	2024 年 5 月第 1 次印刷
书　　号	978-7-5540-2956-5
定　　价	20.00 元

如发现印装质量问题,影响阅读,请与市场营销部联系调换。